La obra de arte en el siglo XXI

Rafael López Borrego

Título: La obra de arte en el siglo XXI

© 2018, Rafael López Borrego

©De los textos: Rafael López Borrego

Ilustración de portada: Rafael López Borrego

Revisión de estilo: Rafael López Borrego

1ª edición

Todos los derechos reservados

ÍNDICE

Introducción..7
El canon estético de belleza...................15
El cambio de soporte.............................24
¿Qué entendemos por una obra de arte?.......30
La era neobarroca................................51
Pintura abstracta o pintura figurativa.........65
A vueltas con el situacionismo.................74
El movimiento Femen............................87
Los artistas outsiders............................94
Epílogo..105

INTRODUCCIÓN

En el año 2011 el artista **Emilio Papel**, que trabajaba bajo el nombre del colectivo **Sociedad Psicogeográfica**, presentó un proyecto titulado *"Textualizaciones"*. Se trataba de llegar al mayor número de público posible gracias a la difusión publicitaria de una serie de textos que se distribuían en cuatro apartados: compro, vendo, busco y cambio. Cada uno de ellos acompañado de aquellas cosas que le interesaba destacar.

Vamos a reproducir alguno de los textos, por ejemplo el que empieza por compro, dice lo siguiente: "Compro / todo tipo de deseo aplazado o no realizado / cariño olvidado que es tanto / compro todo tipo de amor congelado del que queda en tu ser estampado / amor de adolescente que se sabe engañado / amor ingenuo por primera vez pagado / compro la rabia del amor roto por el deseo de los besos no dados"

El texto dedicado a busco, dice lo siguiente: "Busco miradas furtivas y miradas directas que son ciertamente las mismas / gestos breves que son auténticos comunicados / y roces que valen más que muchos abrazos / busco choques inesperados capaces de parar la rutina del tiempo / y encuentros fortuitos que son como incendios / simples tropiezos que se repiten y te dicen / busco en el autobús / en el metro / en el tren / en el avión o en el taxi / tan solo un casi".

Así eran dos de los cuatro textos que aparecían en cada una de las hojas, cargados como vemos de poesía y de deseos no realizados. Se imprimieron textos en todo tipo de soporte para llenar la ciudad con estas ideas. Había posters que se repartieron por algunos de los principales espacios culturales y centros comerciales, postales, carteles que se pegaban en alguno de los muros en obras y que duran el tiempo efímero que otro cartel se pega encima la noche siguiente, mupis para publicidad en las principales avenidas y marquesinas del autobús, se compraron también espacios publicitarios en los periódicos.

La gente que vivía en la ciudad y los propios visitantes se encontraban sorprendidos ante estos textos que, sin una razón especial, aparecían por todas partes de la ciudad sin una razón o una llamada que pudiera invitar a contactar con la persona que los había hecho. Parecía una de esas campañas que nos avisan de algo nuevo que va a suceder y que enlazan con ello cuando el producto finalmente se lanza al mercado.

En este caso no se trataba de lanzar ningún producto sino de realizar una intervención urbana con este tipo de textos que buscaban mover al espectador, animándole a conmoverse con la belleza del lenguaje, tratando que cada persona que lo lee pueda extraer sus propias conclusiones.

Se trata de atraer al público con un reclamo publicitario estándar que incita al consumo y aviva el deseo frustrado tras la lectura cuando se observa que no se puede poseer aquello de lo que se nos está hablando. Pensemos que las palabras que se utilizan para encabezar cada uno de los textos son aquellas en las que nos fijamos de forma especial cuando observamos un anuncio de este tipo, enlaza con nuestra comprensión del mensaje publicitario.

Ahora debemos plantearnos una cuestión, ¿se puede considerar este proyecto como una obra artística? La respuesta es que fue avalado por un Centro de arte contemporáneo que pagó cada uno de los formatos que aparecieron en distintos puntos de la ciudad. No cabe duda de que esta obra está unida al pensamiento y la reflexión más que al concepto clásico de belleza (no podemos negar qué bellos pueden ser los textos que aparecen escritos en cada uno de estos papeles). La obra no se puede adquirir, los coleccionistas no pueden comprarla para ponerla en su casa, a no ser que alguien se haga con alguno de los carteles o mupis y decida pegarlo o colgarlo enmarcado en algunas de las paredes de su domicilio. Así que tampoco tenemos esa idea de compra que se mueve alrededor de muchas de las obras clásicas o contemporáneas. Quizás podemos contactar con la persona que ideó todo esto y proponerle que trabaje en un nuevo proyecto pero lo que a este se refiere ya está finalizado y no ha tenido continuidad.

Alejados pues de las tradicionales definiciones de arte, en nuestra sociedad podemos encontrar manifestaciones como las que acabamos de distinguir y sería bueno saber si se pueden definir como arte o, por el contrario, se trata de otro tipo de actividad.

A ello nos dedicamos en este ensayo que hemos dividido en varios apartados donde se tratan todo tipo de temas relativos al concepto de arte desde la antigüedad a nuestros días.

¿Queda algo de los cánones de belleza que se aplicaban en épocas como el renacimiento o el barroco?

¿Es posible que una obra de arte sea buena solo porque es bella? Hay personas a las que le preguntas qué es para ellos el arte y responden diciendo que arte es un sentimiento, algo que se mueve en tu interior cuando lo contemplas. Quizás el concepto de belleza ya no importa o no debería importar lo más mínimo y tenemos artistas que triunfan con trabajos que podríamos decir que son muy desagradables.

Algo parecido ocurre con los soportes que se utilizan para algunas obras en la actualidad. No tenemos más que ver el ejemplo que acabamos de poner al comienzo de esta introducción con el proyecto *"Textualizaciones"*. Los soportes tradicionales han sido sustituidos por otros que abarcan todo tipo de nuevos conceptos tanto en pintura como en escultura, ambos se mezclan e hibridan con las instalaciones y las nuevas creaciones realizadas por video u ordenador. No es extraño leer en alguno de los textos que se escriben que tal artista lo que hace es "pintar sin pintura", algo que no parece posible pero que a lo largo del ensayo vamos a tratar de explicar lo que significa.

Existen grandes diferencias entre lo que se entendía por una obra de arte en la antigüedad y lo que entendemos ahora mismo. En el ensayo hablamos de cinco características que podríamos aplicar a las obras en la actualidad, cada una de ellas acompañadas de ejemplos llevados a cabo por diferentes artistas.

A lo largo del siglo XX tenemos una amplia representación de creadores que van a llevar a cabo obras abstractas. El primero de todos fue **Wassily Kandinsky** en el año 1910 cuando realizó una acuarela. Tras él otros muchos artistas y estilos llegaron a realizar obras abstractas, bien como consecuencia de sus estudios acerca de las formas o el color o bien porque la sucesión de diferentes vanguardias que practicaban les llevaron a ello. Desde el año 1910 en adelante observamos todo tipo de creaciones abstractas que se repiten en la actualidad. Pero la cuestión que nos planteamos es si el arte abstracto tiene vigencia actualmente o se encuentra pasado de moda. Por decirlo de otra manera ¿debería el arte actual ser figurativo en sus diferentes expresiones? En uno de nuestros apartados hablamos sobre ello y concluimos categóricamente como debería ser la expresión artística actual.

El profesor **Omar Calabrese** publicó un libro a principios de los años 90 del siglo pasado donde venía a decir que existía un síntoma en nuestra sociedad por el que parecía que estábamos viviendo un nuevo barroco. Había características de la sociedad que apuntaban a esta posibilidad, salvando las distancias del desarrollo conseguido, por supuesto. También en el arte se observan estos síntomas. **Calabrese** hablaba de nueve tópicos que se podían aplicar a las dos sociedades. Nosotros lo que intentamos aquí es describir cada una de ellas acompañándolo con ejemplos de distintas obras tanto contemporáneas como barrocos que, como veremos, encajan como anillo al dedo a esos tópicos descritos por este profesor de la Universidad de Siena. ¿Vivimos una época neobarroca sin darnos cuenta? Es una interesante reflexión que también vamos a tratar de responder.

Hay muchos pensadores interesantes en nuestro tiempo, pero dos de ellos fueron capaces de adelantarse a su tiempo y prever cuál iba a ser el comportamiento de la sociedad en el futuro. Hablamos en primer lugar de **Walter Benjamin** cuya teoría de la reproducción masiva de imágenes se ha hecho realidad en una sociedad que consume vorazmente a diario miles a través de los medios de comunicación y redes sociales. El segundo de los grandes pensadores es **Guy Debord** cuya teoría sobre una sociedad controlada por los poderosos a través del espectáculo está más en boga que nunca debido a la necesidad de que algunas decisiones políticas o empresariales no sean cuestionadas por un gran número de personas. Cuanto menos tiempo tenga la gente para pensar más decisiones pueden tomar en su propio beneficio dejando de espaldas a una sociedad adormilada y entretenida día tras días a través de las numerosas pantallas que inundan nuestra vida. **Guy Debord** trabajó para la Internacional Situacionista, es uno de sus grandes ideólogos. Desde nuestro punto de vista el situacinismo ha tenido una influencia definitiva en muchas de las obras de arte contemporáneo. Por eso queremos conocer mejor este movimiento, cuáles fueron sus orígenes, las ideas que propugna (algunas un tanto radicales) y el pensamiento de **Guy Debord** respecto a la sociedad y el arte. El ejemplo con el que hemos iniciado la introducción se encuentra más cercano a las ideas de **Guy Debord** que a cualquier otro pensador de nuestro tiempo.

¿Y si alguien no tiene intención artística pero sus manifestaciones pudieran ser consideradas como tal? Las mujeres que forman parte del movimiento Femen enseñan sus pechos para hacer reivindicaciones acerca del trato que recibe el sexo femenino en sociedades patriarcales o bien la influencia negativa de la religión en el comportamiento de la sociedad. Enseñar el pecho desnudo lleno de eslóganes escritos con rotulador ¿no es acaso un tipo de performance como las que realizan algunos artistas? ¿Podríamos considerar cada protesta de las mujeres de Femen como un hecho artístico?

Finalmente nuestro último apartado está dedicado a distinguir un artista de alguien que no lo es. Mucha gente tiene la tendencia a definirse como artista. Ni siquiera hace falta que se dedique al mundo del arte, puede ser un escritor, un músico, un diseñador de videojuegos o una persona que hace bien cualquier trabajo manual. Pero lo cierto es que pese a la gran cantidad de artistas que tenemos en nuestra sociedad, no todos ellos podrían calificarse así, ya que se dan una serie de condiciones para ser aceptado en ese selecto club al que muchos aspiran y pocos llegan. Por tanto existen gran cantidad de "outsiders", personas que aunque puedan tener intención de convertirse en artistas jamás llegarán a realizar una exposición en un museo o una galería de arte, aunque esta no esté cargada de prestigio. De ellos hablamos también, de todos aquellos que jamás llegarán a ser conocidos, ni expuestos, ni comentados en una reseña, pero que dedican con gran ilusión muchas horas para ser aceptados como tal.

Así pues estos son algunos de los temas que de forma ampliada vamos a exponer en este ensayo que, como decimos, trata de definir lo que es el arte en la actualidad. Si no lo consigue por lo menos intenta cuestionar aquello que entendemos como arte y abrir nuestra mente a nuevas posibilidades de expresión y manifestación. Si cualquier persona, de acuerdo con lo que aquí se dice o en contra de ello, es capaz de dedicar un poco de tiempo a reflexionar sobre lo que para él o ella es el arte, habremos conseguido nuestro objetivo.

EL CANON ESTÉTICO DE BELLEZA

Representar la belleza ha estado presente en las manifestaciones artísticas de las culturas más antiguas europeas. Los griegos aludían a la simetría como ideal de belleza[1]. Las personas con el rostro simétrico eran más bellas que el resto. Al mismo tiempo el cuerpo debería mantener unas proporciones entre las diferentes partes. **Policleto** aplicaba un canon que decía que el cuerpo debería tener el tamaño equivalente a 7 cabezas. Este canon tiene conexiones con las matemáticas, para aplicarlo se siguen ideas de **Pitágoras** y también ideas tomadas de los filósofos de la época. Este canon se mantiene en el siglo V a.c. con una modificación en el siglo IV a.c. cuando se cambie de 7 a 8 cabezas para representar el cuerpo.

No será esta la primera vez que se aplique un canon, ya que los egipcios lo utilizaron para muchas de sus esculturas que tendrán grandes influencias en la cultura mediterránea, desde la zona de Siria hasta las pequeñas imágenes que representan algunos de los dioses de la cultura de Tartessos que se asentó en España. Ellos usaban el puño para medir esta proporción. La estatura perfecta era la de una escultura

---

[1] "Antes del siglo XX los artistas buscaban la belleza en sus obras quizás como método para mitigar el sufrimiento. Esta mentalidad cambia en el siglo XX donde se trata más de excitar la imaginación en vez de excitar los sentidos, quizás se trata de un juego donde hay que descubrir la belleza en algo que no la tiene. La composición y coloración ya no son importantes y han sido sustituidas por la innovación, la conmoción y la originalidad". Thompson, Don *La supermodelo y la caja de brillo*. Editorial Planeta. Barcelona 2015.

que tuviera 18 puños, 2 para la cara, 10 desde los hombros a las rodillas y 6 más hasta los pies.

El ideal de belleza y proporción pasará de los griegos a los romanos. De hecho muchas de las esculturas griegas que conservamos son copias realizadas por escultores romanos. Un buen ejemplo de ello puede ser el *Apolo de Belvedere*. Se considera a esta obra el ideal de belleza física masculina. Se trata de una escultura de mayor tamaño que el natural, mide 2 metros y 24 centímetros y se encuentra en actitud de caminar. Utiliza el contraposto, ya que el peso de su cuerpo reposa sobre su pierna derecha. La pierna no es suficiente para sujetar el peso, de manera que junto a ella tenemos un árbol donde podemos apreciar a una serpiente escalando. Un pelo poblado y fuerte, largas piernas y una frente amplia que era un símbolo de inteligencia, serán otras de las características del ideal griego.

Al mismo tiempo la mayoría de las esculturas romanas utilizan la idealización para representar tanto rostros como cuerpos. Las obras se alejan lo más posible del realismo. En el Museo Arqueológico de Sevilla se conserva un torso del emperador Claudio. Realizado posiblemente por cuestiones religiosas, ya que junto al culto personal llevado a cabo en cada vivienda, existía un culto público realizado en templos, pero desde época imperial también se incluye el culto al emperador y esto lleva a representar figuras de los máximos responsables del imperio. Este torso, que ha perdido la cabeza, representa a una persona muy atlética, podemos diferenciar cada uno de los músculos de la zona del pecho o del estómago. Pero sabemos que cuando Claudio fue elegido era un anciano, es imposible que mantuviera un cuerpo tan atlético como el que estamos describiendo. Así pues muchas de las esculturas romanas representan los cuerpos de figuras masculinas o femeninas idealizados, al mismo tiempo que utilizan el desnudo en muchas de ellas.

Pensemos en alguna de las representaciones de Venus, la diosa de la belleza, en la mayoría de los casos suele aparecer desnuda. En muchas ocasiones se encuentra recogiendo, de acuerdo con la narración mitológica, la manzana que Paris le entrega al ser elegida como la más bella de todas las diosas en una competición que enfrentaba en Grecia a Atenea, Hera y Afrodita (cuya equivalente romana es Venus).

Estos dos elementos, tanto la idealización del cuerpo, como el desnudo, serán recogidos durante el renacimiento por la mayoría de artistas italianos, que apoyándose en las representaciones romanas, tratarán de repetir uno de los mejores momentos artísticos de la historia. La armonía y proporción serán elementos a tener en cuenta en las representaciones renacentistas, aunque no debemos descartarlos en muchas de las construcciones que se llevan a cabo durante el románico y el gótico, donde el cuerpo humano juega un papel muy importante a la hora de diseñar el templo.

A lo largo de la Edad Media notamos un gran descenso en la calidad de las obras, sobre todo en escultura y pintura. En ningún momento se llega a igualar los trabajos griegos o romanos. Es extraño pero parece que los artistas de los cuales hemos conservado obras no se preocupan por esos ideales de proporción o belleza ideal. Da la impresión de que es más importante lo narrativo que lo estético. Interesa mucho más educar u orientar al fiel en diferentes temas que tienen que ver con la doctrina cristiana.

Eso no significa que no exista un ideal de belleza. Pero no se trata de una belleza exterior sino interior, que podemos apreciar en otras cualidades de la persona. Hablamos de palabras como la bondad, el amor o la simpatía como elementos importantes de las figuras representadas. Realizar el rostro idealizado o bien maquillado de una persona desfiguraba la creación divina.

Se abandona el desnudo y en caso que deba aparecer, como por ejemplo ocurre en escenas donde se representa el pecado original, un cruce de piernas sirve para evitar la aparición del sexo. Así lo observamos en las pinturas de la *Ermita de la Vera Cruz de Maderuelo*, que actualmente se conservan en el Museo del Prado.

Las mujeres medievales muestran una piel blanquecina, largo y rubio cabello, normalmente recogido, cara ovalada, nariz y labios pequeños, siguiendo un modelo que recuerda mujeres nórdicas. Caderas estrechas y pecho pequeño y firme. La piel blanca alude a la pureza, veremos multitud de representaciones de la Inmaculada en las que ese color se asocia con la idea de virginidad, bien en el color del traje que cubre a la virgen o en el búcaro de azucenas que le acompaña en la escena.

Los hombres por su parte aparecen como caballeros. Defensores cargados con sus pesadas armaduras, delgados y altos. Fuertes, con anchos hombros y pecho, largas piernas y manos que portan espadas para defender a los más débiles.

De forma recurrente se ha asociado la belleza renacentista con dos obras pintadas en esa época. La primera es el *Nacimiento de Venus*, un trabajo de **Sandro Boticelli** que narra como la figura de Venus aparece desnuda encima de una concha que se dirige a la playa de Chipre. La diosa es empujada hacia la orilla por los soplidos de dos dioses alados. Otra mujer que representa la primavera está esperando para cubrirla con una capa roja cubierta de flores en cuanto llegue. La figura de Venus se tapa el pecho con sus manos y el sexo con su cabello, mientras mantiene un contraposto que descarga todo el peso en la pierna izquierda y relaja la derecha. La figura parece algo inclinada a la derecha como consecuencia del viento que le empuja a la orilla. La obra fue realizada a finales del siglo XV

La segunda obra que debemos mencionar es *La Gioconda* de **Leonardo da Vinci**. En este caso no desde el punto de vista técnico en el uso de la perspectiva y como el genio italiano usaba la técnica del esfumado (sfumato en italiano) para crear profundidad, sino por la belleza enigmática en el rostro de esta mujer. Se dice de ella que es una de las mujeres más bellas del mundo. Su media sonrisa y su mirada melancólica le otorgan un aura de misterio que sin duda llama la atención.

Leonardo dedicará gran parte de su tratado de pintura a hablar sobre la proporción en la representación de las diferentes partes del cuerpo. El ombligo aparece como el centro de una forma circular y cuadrada que rodea el cuerpo. Esta proporción refleja el culmen de la belleza y la perfección.

Pero no será solo en pintura donde se expresen esos ideales de belleza y contención. **Miguel Ángel** esculpió su *David* en mármol blanco en el año 1504. Se trata de una figura que representa al pastor justo antes de su enfrentamiento con Goliat. El cuerpo de David es el un hombre musculoso. Está preparado para la batalla. Tiene un ligero movimiento que se expresa con un contraposto donde la pierna izquierda se encuentra ligeramente adelantada. Sujeta una honda con su mano izquierda mientras la derecha se encuentra relajada. La mirada, por su parte, se encuentra centrada en su objetivo.

Todo este concepto parece cambiar en el barroco. No tenemos más que comparar la obra que acabamos de describir con la que lleva el mismo título pero fue realizada por **Gian Lorenzo Bernini** aproximadamente en1623. La posición de la figura cambia por completo. Si en el trabajo renacentista encontramos contención en la obra barroca se aprecia violencia.

Frente a la perfección del cuerpo femenino del renacimiento, durante el barroco encontramos una nueva estética. Hay una obra que nos puede indicar muy bien este cambio, se trata de *Las Tres Gracias* de **Peter Paul Rubens**, donde se muestra el cuerpo de tres mujeres con sus imperfecciones, arrugas, celulitis. Resulta interesante comparar el mismo tema con alguna obra renacentista como la que pinta **Rafael Sanzio**, en ella el cuerpo de las mujeres tiende a la idealización y existe una contención general en la obra. Incluso la forma de mirar es diferente, las mujeres de Rafael parecen tener perdida la mirada mientras que las de Rubens hacen contacto visual entre ellas.

Da la impresión de que el barroco impone una nueva estética más ligada a la realidad que lo que veíamos en el renacimiento. Un ejemplo claro está en los artistas españoles que, comparados con otros artistas europeos, llevan el realismo a extremos insospechados. **Diego Velázquez** utilizaba modelos de la calle o directamente de una taberna como ocurre en *Los Borrachos*. Esta obra pese a tratar un tema mitológico, utiliza personajes populares para representar a los personajes que acompañan al dios. La figura de Baco, pese a tener un aspecto más estilizado que el resto de personajes, tampoco es que podamos considerarlo como un ideal de belleza.

Otro de los artistas barrocos españoles que llevan al extremo la utilización de personajes populares será **José de Ribera**. Podemos encontrar algún ejemplo en una serie de obras dedicadas a representar los sentidos. En el cuadro dedicado a representar *el olfato*, el elemento que el personaje se acerca a la nariz es una cebolla. Podría haber usado cualquier otra cosa, una flor sería cien veces más agradable, un perfume en su recipiente, pero se decanta por un elemento extraño y ajeno a lo que entendemos por un buen olor. Junto a estas curiosas representaciones, los personajes que aparecen en estas obras muestran sus ropas raídas y rotas por diferentes partes. Se trata de pobres recogidos en la calle y que han servido de modelo para sus obras. Han sido representados con un realismo fotográfico y se encuentran muy alejados de la contención y del equilibrio que observamos en muchas obras renacentistas.

    Podríamos continuar con esta idea de belleza estética a lo largo de los siguientes años para darnos cuenta de cómo va cambiando a lo largo del tiempo. En el mismo siglo XX, centrándonos en la figura de la mujer, da la impresión de que cada década hay un tipo de belleza diferente. A principios de siglo XX la tendencia era un cuerpo en forma de letra S con un fuerte corsé que presionaba el pecho y estrechaba al máximo posible la cadera. Después de la primera guerra mundial, coincidiendo con los años 20 y una época de libertad, muchas mujeres visten tratando de esconder sus pechos o sus caderas. En contraste después de la segunda guerra mundial será la época de las pin ups, mujeres como **Rita Hayworth** o **Ava Gardner**. Poco después durante los 50 será el momento de **Marilyn Monroe**, una mujer con curvas, pechos grandes, cintura redondeada y brazos largos. Por último si nos fijamos en el tipo de mujer del nuevo siglo nos daremos cuenta que son tan delgadas, tan perfectas y sin expresión que en muchos casos parecen enfermas. Eso cuando no se corrige el rostro y cuerpo de las modelos con programas como Photoshop. Ello les permite arreglar cualquier pequeño defecto, lunar o arruga que pueda tener la modelo. Ya se han producido protestas por este tipo de modelos que aparecen en revistas y desfiles, alejados completamente de la realidad. La marca Dove tuvo que rectificar una de sus campañas de imagen ante la demanda en redes sociales. Allí se juntaron protestas que reclamaban unas modelos más cercanas a la realidad de la mujer que no es tan delgada como suele aparecer en esas referencias.

EL CAMBIO DE SOPORTE

Juan Sánchez Cotán es uno de los grandes pintores del barroco español. Es una referencia en lo que se refiere a la representación del bodegón. Trabajó en la transición entre el siglo XVI y XVII, principalmente en Toledo, donde tenía multitud de clientes. Conservamos de él diferentes pinturas religiosas, pero, como hemos dicho, si destaca por algo, es por la representación de la naturaleza muerta. Uno de sus trabajos más conocidos es el bodegón que se encuentra en el Museo de San Diego, muy básico y realista en su composición, incluye elementos como un membrillo, un repollo, un melón y un pepino. Hay quien afirma que para realizar esta composición el orden y la proporción habían sido tomados de un libro de **Arquímedes**.

Por su parte el artista contemporáneo **Ori Gerhst** se inspira en el trabajo de **Sanchez Cotán** para realizar su propia obra. Pero si el monje cartujo utilizaba el óleo sobre lienzo, el artista israelí utiliza el vídeo para la composición. Se trata de un trabajo que dura poco más de 30 segundos y lleva por título *Pomegranate*. En las primeras imágenes vemos colocados de una manera similar algunas de las frutas y verduras que aparecen en la obra de **Cotán**. Pero al llegar al segundo 3, una bala aparece de repente en pantalla y atraviesa una granada que se encuentra colgando de la parte superior con una cuerda. Este hecho aporta un movimiento inesperado a la composición, la granada se muestra abierta por la mitad y se mueve repartiendo pepitas a una lado y otro del vídeo. Así hasta que la imagen se corta y el vídeo se repite en loop.

Mismo tema pero diferente soporte. Frente al óleo tenemos la imagen en movimiento. La composición es muy similar. La calidad de la imagen es muy buena, muy realista. Pero la obra de **Ori Gerhst** introduce un elemento diferente que no teníamos en la obra anterior, se trata de una bala que violentamente irrumpe de repente y crea el caos en la composición. Esa alusión a la violencia quizás tenga que ver con el país de origen del artista (Israel) y sus experiencias en una zona de constante conflicto.

Ya que hablamos de bodegones, una idea similar encontramos en dos vídeos realizados por la artista británica **Sam Taylor-Wood**. Uno de ellos lleva por título *Still Life*, dura aproximadamente cuatro minutos. Al principio del vídeo observamos una pila de frutas, principalmente melocotones, peras, uvas. La cámara va capturando imágenes en diferentes días que después se montan a gran velocidad. De esta manera podemos ver como algunas frutas pierden su forma original para llenarse de todo tipo de moho a lo largo del vídeo. Algo similar sucede en su obra *A Little Death* en la que juega con la misma idea. En este caso con un conejo que aparece colgado en una pared. Poco a poco todo tipo de minúsculos animales se lo van comiendo hasta que pasados unos meses no queda nada del animal.

¿Podríamos decir que se trata de bodegones? Pues claro que sí. No encontramos grandes diferencias al principio con las obras de **Juan Sánchez Cotán** que hemos descrito. Pero si es cierto que estos vídeos introducen, por su duración, otros elementos que hacen que podamos establecer una reflexión sobre lo que sucede. Hemos comentado el tema de la violencia en el vídeo de **Ori Gerhst** y podríamos hablar del paso del tiempo en las obras de **Sam Taylor-Wood**.

¿Significa esto que estos vídeos no son obras de arte? Si lo son, exactamente igual que las otras. Realizan el mismo tipo de representación en un formato distinto y además introducen un nuevo matiz que invita al espectador a participar y crear su propia opinión. Lo comentaremos más veces pero esta participación del espectador es un elemento muy importante en cualquier obra de arte contemporáneo. Junto a una obra más o menos bella (eso ya no importa), el mensaje para que el espectador se sienta invitado a participar es uno de los elementos distintivos del arte de nuestro tiempo.

Hemos querido comparar algunas obras clásicas con otras contemporáneas para así reflejar como el arte ha cambiado sus formatos tradicionales y debemos aceptar como arte otro tipo de representaciones que se salen de aquello que hacía distintivo a las obras anteriores al siglo XX principalmente.

Los ejemplos que hemos puesto eran de pintura pero podríamos hacerlo también con la escultura. Uno de los artistas que revoluciona este concepto es **Tony Oursler**, cuya obra se encuentra a medio camino entre el vídeo y la representación escultórica. Si pensamos en vídeo normalmente lo hacemos en una proyección que se realiza sobre una pantalla o bien, en algunos casos, directamente sobre las paredes del Museo. Pero **Oursler** quiere ir más allá y muchas de sus proyecciones liberan la imagen de la visión bidimensional para proyectar sobre diferentes formas escultóricas que representan todo tipo de rostros, monstruos o figuras cuya proyección sobre ellas nos muestra las imágenes de sus cuerpos, rostros acompañados de todo tipo de sonidos. Da la impresión de que el espectador se libra de la "parálisis cervical" a la que se somete la proyección tradicional para crear proyecciones tridimensionales que puedan ser apreciadas desde distintos puntos de vista.

Las obras de **Tony Oursler** son indudablemente una proyección de vídeo pero realizada sobre figuras de "dummies" cuyas cabezas son el soporte de la proyección que sobre un rostro se ha realizado con anterioridad. Así que nos encontramos también cerca de la escultura o bien a caballo entre las dos disciplinas.

Hasta ahora hemos visto como el vídeo sirve como nuevo soporte para las representaciones artísticas. A lo largo del siglo XX esta idea del formato tradicional ha ido cambiando de forma progresiva para que la idea de soporte sea bastante confusa en la actualidad. Otro ejemplo claro puede ser el uso de la fotografía que no será considerada una disciplina artística hasta que el siglo XX vaya avanzando y poco a poco comience a introducirse en los museos. Igual que en ejemplos anteriores encontramos muchos fotógrafos que encuentran inspiración en obras clásicas para recrear obras contemporáneas.

No solamente los avances de la técnica y la llegada de lo digital ha servido a estos soportes para crecer de forma exponencial en las exposiciones celebradas en museos y centros de arte. Desde los años 60 contamos con un soporte inesperado pero que continúa teniendo mucha influencia en la actualidad.

Hablamos del propio cuerpo, que ya había sido utilizado por diferentes artistas de los movimientos de vanguardia, como el futurismo, dadaísmo o surrealismo. La utilización del cuerpo como soporte nos abre a todo tipo de representaciones que tienen que ver con el teatro, la danza, la poesía o la instalación. La performance es un hecho artístico que se puede disfrutar en directo y que no dispone de un soporte físico para poder vender, como sucede con la pintura, escultura, fotografía o vídeo (aunque esta última afirmación tiene sus matices). Una cosa interesante de la performance es que no necesita un museo para ser mostrado, sino que puede realizarse en cualquier parte, una calle, una estación de tren, un centro comercial, una tienda, pueden servir como escenario para estas representaciones.

El dadaísmo supone un gran avance en el cambio de formato artístico. El concepto de readymade fue introducido por **Marcel Duchamp**. Este artista en el año 1917 participó en un concurso llevando un urinario firmado con un sobrenombre (el propio artista formaba parte del jurado pero quería ver la reacción de sus compañeros cuando vieran la obra por ello necesitaba no ser reconocido). Una de las premisas del concurso es que ninguna obra sería rechazada. En este caso no nos encontramos con una pintura o escultura creada sino con un objeto encontrado que es llevado a un museo para ser expuesto. Es decir un objeto que para nosotros no tiene ningún valor artístico simplemente pasa a tenerlo por el hecho de ser llevado al museo y expuesto en una de sus salas. Esta idea cambia el concepto de percepción artística, ya que cualquier objeto es capaz de ser entendido como arte. Cualquier cosa, bien sea bonita o bien un desecho encontrado en la calle, puede convertirse en una obra de arte. Esta nueva manera de percibir una obra de arte o bien como un objeto puede convertirse en una obra de arte, va a tener mucha influencia a lo largo del siglo XX y todavía mantiene vigencia en la actualidad.

¿QUÉ ENTENDEMOS POR UNA OBRA DE ARTE?

El compositor alemán **Karlheinz Stockhausen** pocos días después de que dos aviones se estrellaran contra las torres gemelas de Nueva York, dijo que esa era la primera gran obra de arte del siglo XXI[2]. Un trabajo que parece difícil de superar, en primer lugar por la capacidad de atracción que tiene la imagen en movimiento, ello nos lleva a ver una y otra vez repetido el vídeo con cara de estupefacción. En segundo lugar la imagen es real, podría haber sido imaginada por cualquier artista e incluso podría haber sido representada, pero a nadie se le había ocurrido algo así. En este caso la realidad ha superado la ficción. De manera que resulta complicado que cualquier obra de arte pueda sobrepasar la capacidad de atracción y el realismo de esas imágenes.

Parece que los términos realidad y simulacro se dan cita revisando el párrafo anterior. **Jean Baudrillard** decía que el simulacro era un arma utilizada por el capitalismo para distraer la atención de las cosas importantes que aquejaban a la sociedad[3]. En un sentido muy parecido **Guy Debord** nos habla de la distracción a través del espectáculo. No debemos

---

[2] Castro Flórez, Fernando *Mierda y Catástrofe. Síndromes culturales del arte contemporáneo*. Madrid. Fórcola Ediciones 2014.
[3] Pipo Comorera, Joan *El mundo sin Braudrillard*. Revista archipiélago nº79 Pag 21-29

descartar ninguno de estos conceptos de los que hablaremos más adelante.

Todo esto viene al hilo de lo que entendemos en la actualidad por una obra de arte, que como veremos es un concepto bastante amplio. Pero antes de enumerar cuáles son las características actuales de una obra de arte, estaría bien que hiciéramos un poco de historia, para situarnos en aquellos trabajos que fueron creados con anterioridad a la segunda mitad del siglo XIX.

Marcamos esta fecha como el momento de cambio porque muchos artistas en esa época son capaces de liberarse de los encargos que le realizaban personas e instituciones, para poder crear los trabajos que realmente querían hacer. Eso no significa que no exista algún ejemplo anterior en que pueda producirse una situación diferente. Pensemos por ejemplo en Holanda en el siglo XVII donde muchos artistas creaban obras que eran compradas por nobles y personas que trabajaban en el comercio o la incipiente industria. Estos trabajos incluían paisajes, bodegones o escenas del día a día en el trabajo. Será principalmente con el impresionismo cuando el artista se arriesga a presentar una serie de creaciones cuyas ventas determinarán el éxito o el fracaso en función del gusto del público. Algunos podrán tener una vida holgada y otros, como por ejemplo **Vicent Van Gogh** serán reconocidos posteriormente, gracias entre otras cosas a los precios alcanzados por sus obras en numerosas subastas y su repercusión en los medios de comunicación.

Es decir la gran mayoría de los artistas creaban en función de los encargos recibidos. Podían ser nobles, mecenas, el mismo rey o bien, sobre todo en Europa, instituciones religiosas que demandaban todo tipo de obras realizadas en diferentes disciplinas.

Este encargo forma parte del proceso de producción de la obra. En muchos casos con un contrato por medio, que determina no solo como debe ser la obra, medidas, tamaño, tema, sino que nos informa de la cantidad de dinero que el artista va a percibir por ese trabajo.

La obra tendrá un contenido determinado en ese contrato, el artista tendrá que ajustarse al tema a representar. Como sabemos muchos de los temas serán religiosos porque son encargos para la iglesia. Variando el estilo, el margen de actuación resulta limitado. **El Greco** recibió varios encargos para realizar *Las lágrimas de San Pedro* obra de la que se conservan varias versiones que solo se diferencian por pequeños detalles.

Casi todas estas obras están destinadas a ocupar un espacio que se conoce con anterioridad. Han sido creadas para un contexto y con un tamaño que viene definido en el contrato. Se hicieron para un lugar y, podemos considerar, que no van a moverse de allí, aunque seguro que todos conocemos alguna excepción, pero no es lo habitual. No existe un mercado del arte que haga que las obras se muevan con facilidad de un lugar a otro en función del gusto o el capricho de algún comprador.

Algunos artistas se hacían populares por representar determinado tipo de tema que era muy demandado por personas e instituciones. Por poner un ejemplo comprensible, **Bartolomé Esteban Murillo** era muy conocido por las pinturas que realizó representando a la *Virgen Inmaculada*. Tenemos numerosos ejemplos en muchos lugares actualmente, museos, iglesias, conventos, catedrales. Pero cada una de las obras tiene sus propias peculiaridades que podemos ver en el rostro, posición o los diferentes elementos que acompañan a la Virgen en su ascenso. A lo que me refiero es que, aunque el tema sea el mismo, cada una de las obras es original e irrepetible, algo que no podemos afirmar en la actualidad con muchos de los trabajos en disciplinas como la fotografía o el vídeo. La reproducción masiva, como ya adelantó **Walter Benjamin**, es uno de los signos de nuestro tiempo.

Con la llegada de la posmodernidad se produce un cambio, no solo en el sistema productivo, sino también en los hábitos de consumo. Todas las características que acabamos de citar para definir lo que era una obra de arte han quedado obsoletas. Se han sustituido por unos nuevos conceptos de los que vamos a hablar a continuación.

Hay una crisis en la percepción de los soportes que teníamos hasta ese momento. Se trata de obras en las que se produce una hibridación de estilos, se mezclan diferentes técnicas para la realización de la obra final. Los límites entre las disciplinas son tan finos que a veces desaparecen, llevándonos a confundir, como afirma **Robert Smithson**, lo que es arte y lo que no lo es[4].

El concepto del campo expandido fue introducido por la profesora **Rosalind Krauss** y se puso de moda en

---

[4] Robert Smithson dice que todo arte legítimo trata sobre los límites mientras que el arte fraudulento no tiene límites. Será pues muy

los años 60 aplicado principalmente a la escultura. Trataba con ello de definir los nuevos derroteros que tomaba esta forma de crear al invadir otras disciplinas artísticas y ocupar espacios que antes no estaban destinados a este tipo de soporte.

Este concepto del campo expandido se retoma de nuevo a comienzos del siglo XXI para aplicarlo a otras acepciones como la pintura. Encontramos términos como "pintura expandida" o "pintar sin pintura" que se aplican a diferentes obras. Se trata de espacios donde conviven la pintura o la escultura, al tiempo que aparecen junto a ellos nuevos soportes como el vídeo o el ordenador. Se trata de lugares donde los límites entre las disciplinas se vuelven borrosos. Nuestra percepción de los soportes artísticos ha cambiado por completo.

Vamos a ilustrarlo con algún ejemplo. La artista alemana **Barbara Caspar** realizó en el año 2004 una obra titulada *Sans Boussole*. El trabajo es un híbrido entre disciplinas porque encontramos una pantalla de vídeo que se situaba sobre una columna con capitel dórico y fuste estriado. El vídeo que se mostraba en la pantalla representaba a la propia artista disparando con un revolver sobre una lata de sopa Campbell, como las que usaba **Andy Warhol** en algunas de las más conocidas obras del arte pop. La lata de sopa estaba situada sobre la misma columna en la que ahora se mostraba el monitor. Como consecuencia del disparo el bote de sopa salpicaba un lienzo y lo llenaba de diferentes colores en lo que podíamos considerar una composición abstracta. Se trata de un efecto similar al

---

difícil establecer la separación entre uno y otro. Castro Flórez, Fernando. *Mierda y Catástrofe.* Opus cit

que lograba **Jackson Pollock** en sus obras emblema del expresionismo abstracto. Esta tela se mostraba detrás del monitor como si realmente se hubiera producido el efecto en realidad y tuviéramos delante de nosotros el resultado de esa creación artística provocada por el disparo.

En esta obra que acabamos de describir, ¿ante que nos encontramos? Los elementos que componen el trabajo invaden diferentes disciplinas, tenemos escenas de vídeo, tenemos una columna clásica, disponemos de un lienzo y finalmente parece haber referencias a grandes iconos de la pintura del siglo XX. Pero ¿cómo definimos esta obra? Pues algunas personas llaman a esta hibridación "pintura expandida". Ahora no pensemos que todo el mundo está de acuerdo con este tipo de definición, el pensador **Enrico Baj** califica esta percepción como ridícula[5].

El artista **Fabian Marcaccio** es de origen argentino aunque lleva mucho tiempo residiendo en Nueva York. Cuando llegó a la ciudad de los rascacielos comenzó a trabajar poniendo ventanas en diferentes casas y edificios, así que conoce perfectamente el uso de la silicona, que ha incorporado a muchas de sus obras. Una muestra de lo ínfimo que parece el límite entre disciplinas es este autor. Recibió un premio de escultura por una de sus obras, cuando nosotros lo consideramos un pintor. Claro que preguntado el artista por su obra nos dice que su trabajo es *"una clase de pintura que*

---

[5] Enrico Baj decía que términos como contaminación o hibridación son el certificado de defunción de la obra maestra, metamorfoseada en cualquier cosa ridícula. Castro Flórez, Fernando. *Mierda y Catástrofe*. Opus cit.

incluye material fotográfico, pintura digital, técnicas escultóricas y todo aquello que la obra necesite". Sus obras se mueven en un límite impreciso sobre aquello que entendemos como pintura, ya que en sus composiciones (algunas podrían calificarse como instalaciones) observamos que se incorporan fotografía, grafiti y brochazos de silicona por todas partes, experimentando con vídeo en algunas ocasiones.

La artista de origen coreano y profesora de la Universidad de Los Ángeles **Won Ju Lim**, presentó a principios del siglo XXI una serie de instalaciones en la que resulta difícil definir el soporte. Cuando entrabas en la sala del museo, podías encontrar una maqueta con lo que podía ser la reproducción de diferentes edificios realizados en plexiglás. Se trata de una vista parecida a la que podemos tener desde un avión cuando observamos la ciudad en la que vamos a aterrizar, con edificios de todo tipo, algunos rascacielos u otros bloques o casas individuales. Esta primera descripción nos hace pensar en dos disciplinas, por un lado la representación arquitectónica y por otro la escultura porque esa maqueta está construida como si fuera un juego de construcción. El arquitecto **Frank Gehry** ha jugado con estos conceptos al decir en alguna ocasión que sus trabajos más conocidos parten de la escultura para después tener un desarrollo arquitectónico. Esas maquetas incluyen luces de distintos colores y realizan proyecciones sobre la pared de la sala, una pared en la que una fotografía estática nos muestra un paisaje urbano o industrial. Sobre ese paisaje aparecerá la sombra de los edificios en distintos colores dependiendo del plexiglás con el que son decorados.

Como vemos se incluye un par de disciplinas más, la fotografía y la proyección. Resulta extremadamente complicado tratar de definir este tipo de obra.

Vamos a concluir estos ejemplos de pintura expandida hablando de una de las obras de **Franz Ackermann**. Este pintor, de origen alemán, está considerado uno de los renovadores de la pintura. Sus obras reflejan algunos de los problemas que aquejan a la sociedad contemporánea. En la obra *23 Ghost* nos habla sobre el viaje y las diferentes percepciones que esto genera dependiendo del lugar de residencia y del estatus de riqueza que tienes. En este caso el lienzo es solo un soporte porque el artista suele también pintar las paredes del espacio donde sitúa la obra, al tiempo que completa la idea sobre la quiere hablar con diferentes instalaciones. Esta obra nos plantea el viaje visto desde dos perspectivas diferentes. Por un lado la de los inmigrantes africanos que tratan de cruzar el mediterráneo y llegar a diferentes países europeos en busca de una vida mejor, barcas con ropa tirada por el suelo aluden a la forma que tienen de cruzar. Muchos de ellos no lo consiguen y caen al agua junto a sus pertenencias muriendo allí ahogados. Al mismo tiempo tenemos un pequeño estante con catálogos de viaje que aluden al primer mundo. Las personas con posibilidades económicas visitan también las zonas de las que parten los inmigrantes, para descansar o relajarse del estrés que supone la vida moderna[6]. En el centro de la sala se sitúa

---

[6] "El viaje remite a la aventura, a transgredir los límites habituales de lo físico, todo ello con la constante presencia de la muerte, que hace que la aventura sea un tiempo de escape limitado antes de enfrentarse a ella. Ser mortal es una condición que permite

una cárcel que tiene una doble lectura. Para los inmigrantes sus lugares de residencia son una cárcel de la que no pueden escapar, se trata de un futuro de miseria con nulas posibilidades. Pero para el primer mundo el trabajo, las presiones, la sociedad, el consumo, son también una cárcel de la que se intenta escapar evadiéndose en zonas remotas de los lugares de residencia habitual. Una mesa de billar y pinball aluden al consumo de las sociedades ricas, mientras una serie de palmeras aluden a los lugares tropicales de origen de los inmigrantes. Todo ello acompañado de diferentes formatos de lienzo que incluyen escenas de paisajes urbanos y rurales que, como decimos, no se quedan allí, sino que los distintos colores y formas se extienden por las paredes del espacio.

Así que como podemos observar, bien se trate de escultura o pintura en el campo expandido, estamos hablando de collage y de diferentes elementos que se utilizan para el montaje posterior de la obra[7].

Hasta aquí hemos tratado del cambio de los soportes tradicionales y de las nuevas acepciones para

---

entregarse al verdadero viaje. En el viaje el hombre asiste al espectáculo de la imaginación, contempla la ausencia de su entorno habitual como un despliegue de lugares mágicos. La aventura en si tiene algo de erótico. el viaje invita a huir e intentar ser otros". Castro Flórez Fernando. *El intruso en el suelo del otro*. Catálogo de la exposición Viaje de Alexis W. Gobierno de Canarias 2011.

[7] El profesor Fernando Castro afirma que "al hilo de la obra en el campo expandido bien sea escultura a lo Rosalind Kraus o pintura el arte se manifiesta como una actitud de montaje, el collage es la transferencia de materiales de un contexto a otro y el montaje es la diseminación de esos préstamos en un nuevo emplazamiento. Desde los 80 ha proliferado este comportamiento artístico". Castro Flórez,

definir algunas de las obras que presentan los artistas en exposiciones de arte contemporáneo. La segunda de las características que puede definir una obra de arte contemporáneo es que muchas obras abandonan su contenido espiritual y están más cerca de un discurso conceptual. Se trata de una idea sugerida por la obra que en ocasiones es más importante que el trabajo presentado que abandona por ello su estatus de belleza. No es necesario que la obra sea agradable, que sea bonita. Es más importante que el mensaje que invite a participar al espectador sea claro y mueva al mismo a una reflexión sobre lo que allí se presenta.

Esta idea puede ser una simple provocación y hemos visto como **Marcel Duchamp** se adelantó al resto de artistas en el año 1917 con su obra *La Fuente*. Ante ella el espectador tiene una reacción que puede ser de aprobación o rechazo, pero lo importante es que la reacción se produzca. Esta idea de provocación que surge con el dadaísmo, se retoma en los años 60, sobre todo tras la revolución de mayo del 68. Se prolongará durante los años 70 con la estética punk y desde entonces se mantiene hasta nuestros días. Claro que sería importante saber distinguir aquellas ideas que son capaces de lanzar un mensaje y recibir una respuesta de lo que es una simple provocación ahogada en una noticia pasajera o en alusiones burdas a temas que solo pretenden llamar la atención[8]. El tiempo es el mejor

---

Fernando *En el instante del peligro*. Editorial Micromegas. Murcia 2015

[8] "Debemos diferenciar lo que es provocación en sí y porque sí de lo que es arte. En una proliferación de estilos plagiarios no aparece más que un anhelo patético de notoriedad, una urgencia por conseguir

sedimento para una obra de arte, solo será necesario esperar para saber si esa obra puede ser calificada como tal o era algo efímero.

El artista español **Pablo Alonso**, que reside en Alemania, presentó en el año 2002 una obra titulada *TNT*. En ella aparecen cuatro personajes ataviados como si fueran yihadistas, cargados con cinturones explosivos. Caminan hacia el espectador con intención de abandonar una habitación donde se supone que se han reunido y han preparado todo lo relativo al atentado que se disponen a cometer. De hecho podemos observar en la parte derecha una mesa con diferentes botes y recipientes que se supone han servido para la mezcla de los elementos que forman parte del explosivo. En nuestra vida diaria cuando vemos noticias en televisión, estamos acostumbrados a observar las consecuencias posteriores a un atentado, las anteriores las desconocemos. A nosotros se nos transmite un mensaje de caos, destrucción y muerte. Pero es difícil que seamos informados de los preliminares y las causas. Es eso lo que **Pablo Alonso** trata de representar en su obra, aquello que quiere que llevemos a la reflexión. Estas personas decididas a perder su vida y hacérsela perder a los demás por un ideal se entregan a ello con una sorprendente frialdad.

Pablo Alonso nos propone, no solo en esta obra, temas que se encuentran en el debate social, pero de las que no se habla habitualmente. La obra nos invita a

---

fama a toda costa, por precaria que sea, asumiendo una ironía que funciona como coartada". Castro Flórez, Fernando *La vedad pública. Consideraciones críticas sobre el arte contemporáneo.* Documenta artes/UAM 2009

reflexionar más allá de si existe en ella aspectos de belleza.

Del mismo año 2002 es la obra *La rivoluzione siamo noi*, realizada por el artista holandés residente en Alemania **Marc Bijl**. Se trata de una escultura hecha en poliéster de tamaño natural que representa a una heroína de los videojuegos, **Lara Croft**. El personaje avanza hacia nosotros con el cuerpo cubierto por completo de petróleo. Sostiene una pistola en cada una de sus manos y en sus labios tiene un cigarrillo que se supone encendido. Tras esta figura colocada sobre una peana encontramos un grafiti escrito en la pared que da título a la obra. *La rivoluzione siamo noi* (la revolución somos nosotros) es una frase que aparecía en una obra de **Joseph Beuys**. Se trata de una foto del artista que avanzaba hacia el espectador como una metáfora de una persona que puede cambiar el mundo, algo que realmente pensaba que podía hacer **Beuys** con cada una de sus intervenciones.

La obra nos habla de los iconos de la juventud y como estos han ido cambiando. También nos habla del fracaso de las utopías, incluidas las que tienen que ver con el arte. **Beuys** pensaba en un mundo artístico en que no existiera finalidad comercial, pretendía cambiar las estructuras del sistema del arte, excesivamente mercantilizado. Los agentes que giran alrededor del sistema del arte hacen que poder introducirse en el sistema sea excesivamente complicado. Contra todo ese sistema lucha **Joseph Beuys** con cada una de sus acciones. También parte de unas ideas similares el movimiento Fluxus con su ideólogo **George Maciunas** a la cabeza. Para él el arte debería dejar de ser una mercancía con la que se puede comerciar. Como vemos todas estas ideas han sido superadas, incluso el propio sistema ha asumido a **Jospeph Beuys** como uno de los grandes iconos del arte, lo cual resulta bastante contradictorio, pero si la figura del **Che Guevara** se ha convertido en un icono pop, no debe parecernos extraño que **Beuys** sea asumido por el sistema. Pese a no dejar trabajos en soporte físico más que diferentes acciones y performances, es posible encontrar obras del artista, como fotografías del mismo en alguna de estas acciones, que por cierto son muy cotizadas en los mercados del arte y pueden encontrarse en ferias de arte y subastas.

La obra de **Marc Bijl** nos invita a reflexionar sobre la mercantilización del arte y también sobre los iconos de la juventud, que a veces conocen mejor las andanzas de personajes imaginarios que otros reales que forman parte de la historia.

No cerramos por completo esta segunda idea asociada al arte contemporáneo. Trataremos más adelante el tema del discurso conceptual cuando hablemos de los Situacionistas y del movimiento Femen, pero a cada uno de ellos les vamos a dedicar un apartado y tendremos tiempo de desarrollar con más profundidad lo que acabamos de explicar.

Habíamos dicho anteriormente que las obras realizadas sobre todo con anterioridad a la segunda mitad del siglo XIX tenían un principio y un fin. Habían sido realizadas para ser depositadas en un lugar concreto, podía ser religioso o civil. Ello me hace recordar una obra de **Diego Velázquez** que representa al *Príncipe Baltasar Carlos a caballo*. Este trabajo se encuentra actualmente en el Museo del Prado. Cuando lo observamos nos damos cuenta de que el caballo da la sensación de tener la panza deformada. Parece muy extraño que **Diego Velázquez** cometiera de forma consciente un error de este tipo. Es un artista asociado con el realismo fotográfico en muchas de sus pinturas y conocemos como corregía algunas de sus obras cuando se equivocaba, por ejemplo al pintar las patas de los caballos. Lo que ocurre es que la obra, originalmente pensada para el Palacio del Buen Retiro, se encuentra situada en un lugar en el que no había sido pensada originalmente. La idea era ver la obra colocada encima de una puerta de más de tres metros y flanqueada por otros dos retratos ecuestres de su padre **Felipe IV** y **Doña Isabel de Francia**. Al contemplarlo en su emplazamiento habitual y alzar la vista antes de cruzar la puerta, deberíamos tener la sensación de que el caballo se encontraba saltando por encima de nuestras cabezas, de ahí esa supuesta deformidad. Al desplazar la obra de su contexto original ha perdido el propósito para la que fue creada originalmente.

Hablamos de una obra trasladada o sacada de contexto para indicar que no suele ser lo habitual. Muchas obras eran creadas con una finalidad concreta y para un lugar específico. Esto es algo que no ocurre con el arte contemporáneo. Conocemos el principio pero no el fin de la obra, ya que puede cambiar de manos de forma fácil. En ello interviene la mediación de los diferentes agentes que forman parte del sistema del arte contemporáneo. Podemos citar algunos de los que intervienen de forma más activa en este proceso, por ejemplo las galerías, encargadas de mostrar la obra del artista en las diferentes inauguraciones de exposiciones o bien cuando acuden a una feria de arte contemporáneo. También son las encargadas de venderla a un coleccionista o a una institución repartiendo los beneficios con el creador. Tengamos en cuenta que una vez en manos diferentes puede ser solicitada para ser mostrada en una exposición y, aunque sea un préstamo temporal, el trabajo cambia de contexto. No digamos si un coleccionista decide vender alguna de sus obras, para ello puede acudir a una sala de subastas que valora su trabajo y lo tratará de vender al mejor postor. Ya tenemos un cambio de manos y de ubicación de la obra que, como decimos, no tenía un fin concreto. El mercado es el que determina en gran parte el posible cambio de destino de un trabajo.

Frente a la antigüedad donde los temas estaban determinados por el encargo que hacía la persona o institución que contrataba al artista, en la actualidad no hay un tema concreto del que se tenga que hablar. El artista tiene libertad para tratar el tema que más le conviene, aquello que le gusta o que le inquieta. También es cierto que cuando un artista decide trabajar sobre un tema concreto (por ejemplo la identidad) no conviene demasiado que pegue giros muy bruscos en su obra ya que el público o la crítica puede no llegar a entenderlo. Por tanto la obra tiene una estructura abierta. Como hemos dicho en muchos casos se requiere la participación del espectador, de lo contrario ese trabajo perderá todo su sentido.

Consideramos a **Marina Abramovic** como una de las mejores artistas contemporáneas. Se trata de un referente en lo que tiene que ver con la performance, disciplina con la que viene trabajando desde los años 70.

Está claro que muchos de sus trabajos requieren de la participación del espectador y al mismo tiempo no dejan indiferente a las personas que contemplan estas acciones. Una performance no es una obra palpable, se trata de una actuación realizada en un lugar por definir. De ella puede existir una documentación o se pueden conservar los objetos que se han utilizado para su realización. Es decir no tenemos un soporte físico de la performance, pero sí es posible tener fotografías, vídeos o recuerdos palpables de la misma, como por ejemplo el vestido que llevaba puesto la artista. Una de sus primeras obras consistía en cepillarse el pelo de forma violenta hasta hacerse daño, de manera que el espectador siente cierta angustia al contemplar la escena. Otro de sus primeros trabajos nos muestra a la artista enganchada al pelo de su pareja sin poder desenredarse, así pasaron 17 horas. Uno de sus últimos trabajos más comentados tuvo lugar en el año 2010 en el MOMA de Nueva York, donde multitud de espectadores tenían que enfrentarse a la mirada fría de la artista. Así pasó 700 horas sentándose frente a personas que querían tener una experiencia única. Conservamos numerosas fotos del evento, pero la obra en sí consiste en lo que acabamos de describir.

Al igual que **Marina Abramovic** hemos hablado de algunas de las acciones que realizaba **Joseph Beuys**, miembro del movimiento Fluxus, que criticaba la mercantilización del arte. Una de sus acciones más conocidas se llama *Como explicar los cuadros a una liebre muerta*. La performance tuvo lugar en el año 1965 en una galería de Düsseldorf. El artista paseaba por la galería con una liebre muerta en sus brazos y de vez en cuando se paraba para explicarle alguna de las obras que se encontraban allí expuestas. Así pasó tres horas mientras el público atendía estupefacto a lo que pasaba, pensando que todo eso llevaría a un final apoteósico. El propio **Beuys** nos explica que pretendía mostrar lo complicado que es hacer comprender los temas relacionados con el proceso creativo. Los animales tenían para él mayor capacidad de comprensión que la mayoría de los humanos, excesivamente racionales en muchos casos.

Vamos a concluir con estas características que tendría una obra de arte contemporáneo con una de las ideas que para **Walter Benjamin** devalúa la obra de arte[9]. Se trata de los conceptos que se asocian a la reproducción masiva, la serialidad, la multiplicidad y repetibilidad. Todas estas ideas están ligadas con el acceso de la obra a una mayor cantidad de público.

Vamos a poner un par de ejemplos que nos ilustren esta idea. Con la aparición de nuevos soportes como la fotografía o el vídeo la repetición se ha multiplicado al tratar de adquirir una obra en estos formatos. Suele ser común que cuando un artista realiza una exposición de fotografía, los coleccionistas interesados pueden comprar una de las copias. Amablemente la galería nos hará una reproducción que llevara un número que puede ser 2 de una serie de 3 o bien 2 de una serie de 5, existe además una prueba de artista más. Así que tenemos 4 o bien 6 copias de la

---

[9] "La obra de arte siempre ha sido reproducible, la réplica era habitual entre aprendices y maestros. La reproducción devalúa el aquí y el ahora de la obra de arte". Benjamin, Walter *La obra de arte en la época de su reproducción mecánica*. Casimiro Libros. Madrid 2010

misma obra. Todas son iguales y se pierde por tanto la exclusividad de la compra de un lienzo del cual no existe una copia igual si no es el original. Con el vídeo sucede lo mismo, tenemos diferentes copias a disposición de coleccionistas e instituciones. Resulta curioso que muchas de estas obras de vídeo se pueden encontrar en YouTube para una reproducción continua si así se desea. Todo esto por no comentar la gran cantidad de artistas que en los últimos 50 años ha realizado series de grabados o láminas en un número determinado que puede ser de 100 o 200 o incluso más. Se trata de una manera de que personas que les gusta el arte pero que tienen menos posibilidades económicas, puedan acceder a estas obras de forma más sencilla, aunque mucho menos original. Muchas de esas series están firmadas originalmente por el artista, lo cual añade un valor especial a la obra, ya que no es lo mismo si tiene la firma original o se encuentra en plancha.

Paul Varély afirmaba ya en el año 1934 que llegaríamos a ser alimentados con imágenes y sonidos; la reproducción mecánica saca al objeto de su ámbito de la tradición[10].

Este tema de la reproducción preocupaba tremendamente a **Walter Benjamin**, sobre todo el uso que los periódicos y revistas estaban haciendo de las imágenes en los años 30 del siglo pasado, que se difundían de forma masiva a través de estos medios. En su libro dedicado a la historia de la fotografía, nos habla sobre aquellas composiciones fotográficas que tenían un aura especial, entre otras cosas porque no habían sido creadas para la difusión masiva. Artistas como

---

[10] Benjamin Walter *La obra de arte...* opus cit.

David Octavius Hill, Eugene Atget o **Auguste Sander**. Todos ellos, según el filósofo alemán, supieron captar la esencia de la fotografía que podríamos calificar como arte. Si reproducimos una copia, decía **Benjamin** quitamos "a una foto su aura". La fotografía antigua "no formaba parte del recurso periodístico y poca gente veía sus nombres impresos, el contacto entre actualidad y fotografía aún no se había establecido"[11].

Pobre **Benjamin**, si llega a vivir hasta nuestros días, sufriría un colapso general viendo el uso indiscriminado de la reproducción de imágenes que se hace en la actualidad. La mayoría de ellas sin ninguna intención artística. Pensemos en la democratización de la fotografía que supone el uso del teléfono móvil. Las redes sociales han ayudado a que la reproducción masiva se lleve hasta límites insospechados. Si entramos en alguno de estos programas, como por ejemplo Instagram, buscando imágenes de alguna de las ciudades más turísticas, nos daremos cuenta del número de personas que han tomado la misma imagen. A mí me gusta llamarlo "imagen turística" ya que la mayoría repiten un estándar causado por el impacto de haber pasado o estado allí. Este concepto de "estar" es también muy importante en la actualidad. Informamos a los nuestros de lo que estamos haciendo en ese momento y lo hacemos con una imagen. En la mayoría de los casos carente por completo de originalidad y reproducida millones de veces en el último mes,

---

[11] Benjamin Walter *Breve Historia de la fotografía*. Casimiro Libros. Madrid 2011

depende del número de personas que hayan pasado por allí.

Hablaremos un poco más sobre ello en nuestro apartado dedicado al arte neobarroco.

Llegamos al Museo del Louvre y tenemos la intención de observar *La Gioconda* de **Leonardo da Vinci**. Hemos leído mucho sobre la obra, conocemos otros trabajos del autor y nos llama la atención el rostro siniestro sin cejas que pintó el artista, nacido en una ciudad muy próxima a Florencia. Llegamos a la sala donde se encuentra la obra y hay tantísima gente que es imposible acercarse a ella para poder verla de cerca. Los turistas pelean entre ellos por tomar una imagen de la obra y poder reproducirla en sus redes sociales. Intentan hacer selfies y hay que tratar de esquivar los palos que sujetan los teléfonos que muchas veces se elevan ante nosotros con un mínimo control. Esto es lo que **Benjamin** llama la "crisis de la pintura" que comienza en el siglo XIX y que, acrecentada por el turismo masivo, no tiene visos de volver a sus orígenes[12].

Esta actividad que incluye la visita a diferentes museos o monumentos, con afán meramente reproductivo, se aleja por completo de la idea mística

---

[12] "El cuadro se hizo para ser contemplado por un número limitado de personas, pero en el siglo XIX comenzará a ser contemplado por un público amplio, es el primer síntoma de la crisis de la pintura, una crisis provocada por la pretensión de la obra de arte de llegar a las masas". Benjamin Walter *La obra de arte...* opus cit

del arte y queda reducida simplemente a la categoría de turismo cultural[13].

Hasta aquí estas características que encontramos en muchas de las obras de arte contemporáneo que como vemos se alejan de los estándares que observábamos en la antigüedad. Todos ellos, junto a algunos temas que vamos a plantear más adelante, nos hacen tener una nueva perspectiva de lo que es el arte y lo que podemos calificar como tal.

---

[13] "El turista cultural es un individuo ansioso, que va deprisa a todas partes, temiendo que le falte el tiempo suficiente para ver todo lo que habría de ver. Por eso no es un espectador atento, reflexivo, que se toma su tiempo ante los objetos que acaba de contemplar, es solo un transeúnte que puede echar un vistazo a aquello que se le pone por delante o le sale al paso". Jiménez Carlos *La Escena sin fin. El arte en la era del Big Bang*. Micromegas. Murcia 2013

LA ERA NEOBARROCA

El profesor y semiólogo de la Universidad de Siena **Omar Calabrese**[14] publicó en el año 1989 un libro bajo el título *"La era neobarroca"*. En ese libro, que fue ampliado en una publicación del año 2005[15], nos hablaba sobre algunas características que compartíamos con la época barroca. Esos tópicos no eran aplicables solo al arte sino también a muchos aspectos de la sociedad, que tenía comportamientos comunes con los que tuvieron lugar en la época barroca.

Vamos a comentar cada uno de estos aspectos de los que nos hablaba **Omar Calabrese** en su texto y lo ilustramos con ejemplos de algunas obras que pueden guiarnos a través de este recorrido. Algunas de las obras comparten varias de las características de las que nos habla en su libro el profesor **Calabrese**.

Ritmo y repetición. Como hemos hablado de la serialización en el apartado anterior no vamos a centrarnos excesivamente en cuestiones artísticas. El profesor **Calabrese** alude a la proliferación de productos en serie que ya habían sido producidos con anterioridad. Se trata de una base sobre la que se añaden un número de variables que son denominadas con la palabra "opcional". Esto es algo que no solo se puede aplicar al arte sino a otros aspectos de nuestra vida. Por ejemplo a la hora de comprar un vehículo, tenemos una

---

[14] El profesor Calabrese falleció de forma temprana en el año 2012 cuando contaba 62 años de edad.

[15] Calabrese Omar La era neobarroca. Catálogo de la exposición Barrocos y Neobarrocos. El infierno de lo bello Pag 210-225. Fundación Salamanca Ciudad de Cultura. Salamanca 2007.

base de la que partimos a la que añadimos diferentes opciones para configurar el vehículo a nuestro gusto, desde añadir la frenada predictiva, un techo solar o un alerón en la parte trasera. Pero en cuanto a la repetición podemos pensar en la imagen en movimiento, donde se produce un ritmo sin fin. Pensemos en todas aquellas sagas de diferentes películas que partiendo de una base y repitiendo los mismos temas e incluso diálogos nos ofrecen segundas, terceras o más partes, depende del éxito de la taquilla o del tirón que ejercen los actores que lo protagonizan. Sagas como *La Guerra de las Galaxias, Piratas del caribe* o *Misión Imposible* pueden servir como ejemplo, pero solo son tres de los cientos de trilogías que encontramos en la cartelera actual. Eso por no hablar de las películas de superhéroes que invaden la pantalla en la actualidad, en ellos cada personaje se enfrenta al mal y salva el mundo con pequeñas variaciones. Vivimos además una época en la que las series están más de moda que nunca, las distintas plataformas se apuntan a esta moda. En ellas las temporadas se suceden una tras otra y repiten personajes, secuencias, escenas, tensión o aquello que los espectadores demandan. Trabajos como *Juego de Tronos, Breaking Bad, The Wire, House of Cards, Orange is the new Black* o cientos de ellas más nos sirven de nuevo como ejemplo de ello.

Límite y exceso. El fotógrafo holandés **Erwin Olaf**, presentó en el año 2001 y 2002 una serie de obras en las que se podía ver el ambiente que tuvo lugar a finales del siglo XX en una discoteca de la ciudad de Amsterdam, en las que el artista participó de forma activa. Este club llevaba el mismo nombre que el título de las serie, es decir *Paradise*. Allí se celebraban un buen número de fiestas donde se podían encontrar todo tipo de personajes. Estos se veían envueltos en situaciones grotescas, cargadas en ocasiones de hedonismo, violencia y fetichismo que nos recuerdan otras escenas de época barroca. Muchos de los personajes aparecen disfrazados o maquillados participando activamente en un ambiente de jolgorio, donde las escenas sexuales no se ocultan. Lo que hacía el artista en cada uno de estos trabajos es mezclar varias fotografías con diferentes escenas que aparecen en una sola. Los extremos suelen estar ocupados por figuras de cuerpo entero, mientras en el centro aparecen otras figuras mucho más pequeñas realizando todo tipo de actos.

En una de estas fotografías encontramos en un extremo a una mujer barbuda que divertida, parece columpiarse disfrutando del ambiente que se encuentra a su alrededor.

Esta representación nos recuerda la obra realizada por el pintor barroco **José de Ribera** y que lleva el mismo título *La mujer barbuda*. En esa obra observamos a dos personajes, en la parte central una mujer tiene intención de dar el pecho a un niño recién nacido. Pero esta mujer parece un hombre, ya que si observamos su cara nos damos cuenta de que tiene una prolífera barba, incluso las manos parecen ser de un hombre y el pecho que se observa para que el niño pueda mamar, parece muy forzado para ser el de una mujer. Detrás de este personaje se puede ver la figura de un hombre. Suponemos que será el marido, que mira al espectador con cara de estupefacción porque no se explica lo que le está ocurriendo a su mujer. En la parte derecha de la obra aparece descrita la enfermedad que aqueja a la mujer. Resulta que en algunos casos tras el nacimiento de un hijo, algunas mujeres segregan una mayor cantidad de hormonas masculinas que provocan que aparezca pelo en zonas donde habitualmente no tienen, como puede ser la barba, el bigote o bien en el pecho. En otros casos perdían pelo en la cabeza y se podía apreciar una incipiente calvicie. Actualmente es posible corregir esta disfunción con la ingestión de hormonas femeninas, pero en el siglo XVII no se conocía la manera de evitar este tipo de situaciones. Parece cierto que lo que hace **José de Ribera** es llevar al extremo esta situación y realmente representa un hombre al que añade un pecho como si fuera una mujer.

Entre las dos obras encontramos una conexión o bien una inspiración que lleva a **Erwin Olaf** a representar un tema muy similar. No será el único ejemplo en el que se usen este tipo de personajes, pensemos en la gran cantidad de bufones pintados por **Diego Velázquez** o, ya en una época más moderna, la película *Freaks* que fue dirigida en el año 1932 por **Tod Browning**. Este film, donde aparecen todo tipo de personajes con diferentes discapacidades, narra la historia de un enano que ha heredado una gran cantidad de dinero y trata de ser seducido por una contorsionista que solo pretende quedarse con el dinero. La película, que se encuentra completa en YouTube, fue un auténtico fracaso en taquilla, pero fue retomada en los años 60 como una obra de culto, con gran influencia en fotógrafos como **Diane Arbus**, que representa en sus obras a los personajes más extraños (gigantes, travesties, homosexuales…) que encuentra por diferentes barrios de Nueva York. Se trata de una estética de lo "freak" que parece haber triunfado en los medios de comunicación actualmente, donde tanto películas, series y diferentes realities, que nos ofrecen en directo 24 horas de "información", se apuntan a este tipo de estética[16].

Detalle y fragmento. Vivimos en una sociedad preocupada por los pequeños detalles, a veces excesivamente pequeños. Esos detalles no nos dejan apreciar el conjunto. Por su parte el fragmento sería un hallazgo realizado que solo nos da una pista de lo que constituye el todo. La artista belga **Berlinde de Bruyckere** trabaja desde principios de los años 90 con el cuerpo y el deseo, son solo pequeños fragmentos del sufrimiento y la satisfacción. El cuerpo humano y el caballo es una constante en su obra, todas sus figuras hacen que el espectador se sienta inquieto porque las formas nos conducen a nuestras propias debilidades, se trata de pequeños detalles que nos hacen pensar en temas más trascendentes. La piel que cubre el cuerpo es al mismo tiempo un signo de debilidad para pensar en la muerte y el sufrimiento. Sus naturalezas muertas en

---

[16] "La película Freaks es una suerte de la feria desconcertante en la que nos encontramos empantanados. Microcéfalos, enanos, siamesas, barbudas. La consecuencia es el horror que provoca y al mismo tiempo la rara diversión hacia lo diferente. Diane Arbus supo recoger este testigo. La mostruomanía ha hecho soportable lo terrible. Si el circo es anacrónico, el espectáculo se ha trasladado a los mass media, consiguiendo un efecto hipnótico semejante al contemplar una pecera. La estética freak ha triunfado. Castro Flórez, Fernando *Arte y política en la era de la estafa…* opus cit

las que aparecen caballos nos ofrecen la imagen de uno de los animales más bellos que ha cambiado completamente su estado como consecuencia de la muerte. La pérdida de toda su energía y su perfección natural se han convertido en tragedia y abandono. La belleza natural en contraste con la muerte física. El realismo de sus obras causa un impacto que no deja indiferente y provoca una reacción de empatía o rechazo.

Inestabilidad y metamorfosis. El cambio está muy presente en nuestra sociedad, no tenemos más que ver el culto al cuerpo que ha invadido y obsesionado a mucha gente. Pero no se trata solo de una vida saludable sino que hay personas que transforman su cuerpo para hacer desaparecer los defectos o aquello que consideran que puede mejorar. Esa metamorfosis está asociada en algunos casos a la figura del monstruo que hemos observado en diferentes películas de las que *Alien* dirigida por **Ridley Scott** en 1979 parece ser un referente. En cuanto al arte deberíamos citar a **Matthew Barney**, videoartista norteamericano en cuya serie *Cremaster* podemos contemplar esa transformación de la que hablamos, ya que el propio artista aparece en ella con todo tipo de extraños ropajes, complementos, rodeado de animales y profusa peluquería y maquillaje. Da la impresión de que intenta crear figuras mitológicas contemporáneas. Pensemos en los inicios de la civilización en Grecia, sabemos que al principio los mitos se transmiten de forma oral, eso también provoca que la información se distorsione. ¿Cómo representan los griegos a alguno de sus dioses? Tienen que imaginarlo porque nunca lo han visto. Seguro que la primera vez que alguien vio una escultura de Hermes se sintió muy sorprendido, ataviado con una bolsa, con unas sandalias aladas, con un sombrero de ala ancha y sosteniendo una vara en su mano derecha. Su calzado alado, unas alas que también observamos en su casco alude a su trabajo como mensajero de los dioses, aunque también es el dios del comercio, de la astucia, de los ladrones y de los mentirosos. Cuando observamos alguno de los personajes que representa **Matthew Barney** en sus vídeos parece que estemos mirando a una de estas figuras de la mitología griega o romana. Se trata de un personaje que ha sufrido una transformación para convertirse en algo que nos inquieta porque no conocemos ni su origen ni su historia.

Desorden y caos. Estas dos palabras aparecen cada día en los medios de comunicación, acompañadas de otras como desastre, catástrofe, apocalíptico, horrible, pavoroso, violento, terrible. Parece que marcan el día a día de nuestra sociedad en la que se destacan muy poco los aspectos positivos. Se trata de una estética de la destrucción que nos acompaña diariamente y que ya escuchamos sin prestar la más mínima atención, narcotizados en nuestra capacidad de sorpresa. Tenemos multitud de ejemplos para comentar, aunque podemos centrarnos en una obra de **Pedro Pablo Rubens** que se llama el *Rapto de Hipodamía*. En ella se aprecia perfectamente esta sensación de desorden. Según la mitología, Hipodamia el día de su boda con Pirito fue raptada por uno de los invitados, el centauro Eurito. En la obra las figuras crean diferentes diagonales que añaden tensión a la obra. El centauro tira de la novia al tiempo que el novio trata de impedir que se la lleven y otros invitados con espadas y lanzas se abalanzan hacia los raptores. Todo con una estética donde el movimiento y las posiciones forzadas de los personajes añaden mucha tensión al trabajo. Este desorden también se aprecia en uno de los artistas más conocidos de los últimos tiempos. Hablamos de **Keith Haring**, cuyas imágenes amables están presentes en el subconsciente colectivo. Fue capaz de generar una iconografía pop en sus obras que está muy cercana al gusto de la gente. **Haring** comenzó como grafitero (muchas de sus obras en la calle fueron realizadas con tiza), por ello el dibujo es la base de su trabajo. Después fue asumido por el sistema del arte como activista y considerado artista de culto debido a su temprana muerte. Esta estética del caos también se aprecia en sus figuras amables que adoptan posiciones similares a las que hemos descrito en los cuadros de Rubens, que aportan una viveza y movimiento a sus trabajos. En muchas ocasiones sus obras se encuentren cercanas al mundo del comic.

Nudo y laberinto. Algunos artistas contemporáneos trabajan con esa idea de laberinto asociada al desarrollo de los medios de comunicación. Vamos a citar dos de ellos para que nos sirvan como ejemplo. Por un lado la artista etíope residente en Nueva York **Julie Mehretu**. La primera impresión que tenemos al ver sus obras es que se trata de un paisaje donde es muy complicado desentrañar cada uno de los elementos y formas que en él aparecen. Líneas, vectores, diagramas, formas orgánicas, se mezclan con líneas rectas, curvas, arquitectura. Se trata de un paisaje donde la figura del hombre aparece como algo insignificante.

Sus obras se muestran como auténticos mapas en los que aparece la relación de la artista con su propio pasado y la actitud que mantiene frente al mundo. Dibujo y pintura se mezclan con sucesos de la historia contemporánea y recuerdos de la propia artista. Por otro lado vamos a citar al artista tejano aunque también residente en Nueva York **Nathan Carter**, que nos habla en su trabajo del viaje y la velocidad. No es solo un viaje que tiene que ver con lo personal sino la rapidez con la que viaja la información gracias al desarrollo de internet y las nuevas tecnologías. Esa velocidad se expresa en sus obras con diferentes líneas que van comunicando unos sectores con otros, nudos de comunicación, carreteras o también líneas de fibra que se encargan de transportar la información. Junto a todas esas líneas de distintos tamaños y colores encontramos banderas de diferentes países, algunas podemos identificarlas, pero otras pertenecen a países ficticios cuyo fin tiene que ver con el viaje que una persona puede realizar de un lugar a otro. Algunas de las líneas de sus obras semejan a las vías del tren, otras parecen carreteras o autopistas, algunas tienen que ver con el rastro de humo que dejan los aviones a su paso y otras, como hemos señalado, con el transporte de información y las nuevas tecnologías. Todo ello realizado en madera coloreada en un soporte extraño que desborda el marco para extenderse por la pared de la sala.

Complejidad y disipación. Las vanitas pintadas por **Juan de Valdés Leal** en una fecha cercana al año 1672, enfrentan al espectador a su propio futuro, lo transportan a una nueva dimensión. Allí no importa el estatus social al que perteneces porque la muerte iguala a todos y hace que todos los objetos, posesiones y títulos acumulados no sirvan absolutamente para nada. En la tierra solo quedará de nosotros huesos y polvo. Este salto complejo a otra dimensión vamos a ilustrarlo con un ejemplo contemporáneo. Una obra realizada por la videoartista americana **Judith Barry**. En su trabajo *Voice Off* necesitamos entrar en una sala en la cual contemplamos una proyección de una persona que se encuentra trabajando en su domicilio. Parece que este personaje no puede concentrarse porque oye una serie de voces y cantos. Intenta volver al trabajo pero sigue sin poder concentrarse, abre la puerta de otra habitación o un pasillo para ver si las voces viene de allí, aunque se da cuenta que no es así. Escruta la pared, pero resulta extraño porque no existe nada al otro lado. Tras un periodo corto de inquietud, finalmente coge un martillo y golpea la pared hasta destruirla, dándose cuenta de que existe una dimensión diferente al otro lado. Cruza y se encuentra con otra serie de personajes en un ambiente cargado de humo y de color negro con los que comienza a interactuar. Lo interesante de la obra es que la proyección está dividida en dos partes. El espectador puede moverse de un lado a otro del cubículo separado por una cortina. Así observa como el primer personaje trabaja y oye estos extraños ruidos, pero si cruza la cortina puede ver proyectado lo que ocurre en la otra dimensión, en la que otros personajes también interactúan. Cruzar en el momento en que el personaje entra por el agujero que ha hecho en la pared supone toda una experiencia y sorpresa al vivir con él la emoción de descubrir lo que existe al otro lado. Los complejos sistemas de la física cada día anuncian novedades respecto al universo. Así podemos escuchar noticias acerca del descubrimiento de nuevos planetas que podrían ser habitables, agujeros negros donde paradojas como estar vivo y muerto al mismo tiempo son posibles, agujeros de gusano que permiten el transporte a otros universos alternativos, teorías de las cuerdas, un número indeterminado de dimensiones que superan las cuatro conocidas, la influencia de la gravedad en el paso del tiempo, equilibrios inestables, expansión infinita, sistemas con extrañas estructuras energéticas que se transforman o disipan en otras diferentes y puertas que pueden comunicar diferentes dimensiones. La película *Interestellar* dirigida por **Christopher Nolan** en 2014 puede ser un buen ejemplo de todo lo que acabamos de citar, pues desde que Judith Barry realizó su trabajo en 1999, se han producido numerosos avances en el campo de la física y del conocimiento del universo hasta nuestros días.

Poco más o menos y no se qué. Dice el profesor **Calabrese** que esta frase representa el verdadero barroco y su pasión por lo indefinido. Estéticamente nos movemos en efectos que tienen que ver con la vaguedad y la imprecisión[17]. Son numerosos los artistas que han trabajado el tema del género y la identidad en sus obras. Me gustaría que habláramos de algunas obras de la fotógrafa holandesa **Risk Hazekamp** que en el año 2006 presentó una serie de trabajos donde se fotografiaba a ella misma pero con roles masculinos. Por ejemplo su obra *Macho* nos muestra un personaje que tiene una posición y una mirada parecida a la de Cristo cuando es presentado como un Ecce Homo. De

---

[17] Calabrese Omar. La era ... opus cit pag 218

hecho la figura tiene barba y como lleva el pecho descubierto un paño apretado se encarga de cubrirlo. Es decir la propia artista se representa como un hombre, incluso con barba y tapando sus pechos con una tela. En otras obras de la artista también apreciamos estos roles masculinos como cuando se representa a sí misma como si fuera un jugador de béisbol, transmitiendo en su pose esa idea de ambigüedad. Se ve una clara influencia en su obra de la también fotógrafa **Claude Cahun**, una pionera en las cuestiones de género. En sus obras realizadas a finales de los años 20 y en los años 30 del siglo pasado, encontramos a la artista representada siempre como si fuera un hombre, con ropa masculina, con peinado masculino, o a veces simplemente rapando su cabeza o tiñéndola de diferentes colores. Siempre mirando a cámara y mostrando su prominente nariz. **Claude Cahun** no fue una artista reconocida en su tiempo. Despreciada por los surrealistas, el machismo del grupo hacía que solo fuera considerada como una musa. Su primera exposición se realizó cuando hacía bastante tiempo que había fallecido, en el año 1992, pero su influencia y reconocimiento es muy grande en artistas que han desarrollado temas de género y conquista de derechos de colectivos que antes estaban reprimidos.

Distorsión y perversión. Más que una obra de arte quizás debamos centrarnos en el papel que actualmente tienen los medios de comunicación. También el uso perverso de las redes sociales. ¿Qué es la verdad? Preguntaba **Poncio Pilato** a Jesucristo en su aparte antes de decidir si era o no condenado. Ahora podríamos preguntar lo mismo. La realidad se presenta ante nosotros de una manera difusa, distorsionada en pos de unos intereses personales o políticos que escapan a la mayoría de los mortales. Gracias a la extensión del rumor de la existencia de armas de destrucción masiva en Iraq se hizo una guerra que demostró que las armas no existían. No se pidió perdón por ello y el hecho consumado llevó a la inestabilidad de la zona de oriente medio y posiblemente radicalizó a muchos que no tenían otro futuro que entregar su propia vida por un falso ideal. Actualmente vivimos la era de la posverdad o se utilizan otras palabras para contrarrestar informaciones veraces o falsas como son las "fake news". Se trata de un mensaje corto y directo que apela a los sentimientos más que a la realidad. Nigel Farage supo utilizarlo a la perfección cuando transmitía a los británicos los millones de euros semanales que perdían cada semana que el Reino Unido permanecía en la Unión Europea. Consecuencia directa, el Brexit. Tras el resultado del referéndum donde ganó el abandono de la UE, declaró que los datos que había facilitado con anterioridad eran falsos, siempre sin posibilidad de marcha atrás. Al tiempo que leemos una noticia podemos encontrar pegada a ella la contraria. Las campañas a través de las redes sociales son capaces de mantener un discurso donde se dice una cosa y la contraria al mismo tiempo. Los partidarios y detractores de una misma idea serán capaces de extender y compartir ambos mensajes. La decisión es difícil y si se llega a conseguir la victoria, si se gana la opinión pública, el objetivo estará conseguido, aunque el mensaje que cale en la sociedad no sea verdadero. Es una época difícil, la saturación de información solo ha traído confusión y distorsión al mensaje. Da la impresión de que a nadie le interesa la verdad[18].

---

[18] Sobre el tema de la posverdad y la apelación a los sentimientos para extender una ment   ira podemos encontrar abundante información en los ensayos publicados en el libro editado por Hernández Fabrés, Jordi *En la era de la Posverdad. 14 ensayos.* Colección Criterios. Es Calambur. Barcelona 2017.

PINTURA ABSTRACTA O PINTURA FIGURATIVA

En este apartado vamos a analizar si tiene sentido en el momento actual realizar obras de tipo abstracto o por el contrario sería más propio realizar trabajos figurativos. Hay que decir que nuestra posición es que el arte en la actualidad debe ser figurativo, el arte abstracto ya no tiene sentido en nuestra sociedad. La abstracción surge en un momento muy particular y debido a unas circunstancias concretas que en nuestros días han sido completamente superadas. Alguien puede practicar arte abstracto porque le gusta, porque le parece bonito o interesante, le entretiene, pero escapa a cualquier discurso conceptual que requiere cualquier obra de arte actual. Vamos a tratar de hacer un poco de historia y argumentar porque el arte abstracto no parece el más adecuado para expresarse como artista en estos momentos.

Debemos tener en cuenta el momento en el que surge el arte abstracto. Muchos artistas a principios del siglo XX buscan una nueva manera de realizar expresiones artísticas porque la fotografía estaba haciendo estragos entre los creadores. Muchos se quedaban sin trabajo ante la imposibilidad de hacer retratos que antes realizaban en pintura. Otros cambiaron los pinceles por la cámara y abrieron estudios en grandes ciudades ante la moda de poseer fotografías en casa o bien usarlas con fines empresariales, por ejemplo en las tarjetas de visita.

Ante estas circunstancias el artista se ve desplazado en algunos de los temas que había representado hasta ese momento. Paisajes o retratos pueden ser buenos ejemplos de labores realizadas por la pintura que pasan a ser campos abiertos para una fotografía que representa a la perfección lo que se encuentra frente al objetivo, aunque todavía no sea capaz de aportar color. La difusión del daguerrotipo, que contó con el apoyo del gobierno francés, provoca una extensión de la fotografía que hace que el uso de este aparato se realice a nivel mundial.

Serán varios los movimientos artísticos del siglo XX que reaccionan contra esta hegemonía de la fotografía. Comenzando con el fauvismo que tiene su origen en 1905 o el primer cuadro cubista que realiza en el año 1907 el artista malagueño **Pablo Picasso**. El padre del cubismo trata de ofrecer al espectador algo que la cámara de fotos no puede hacer. Una de las figuras que aparece en *Las señoritas de Aviñón* puede ser observada desde diferentes puntos de vista, por eso su cabeza aparece en una posición imposible, junto a sus ojos, nariz y boca. Frente al punto de vista único de la fotografía, la pintura nos ofrece en este momento diferentes puntos de vista para apreciar figuras y objetos.

La primera representación abstracta que se conserva fue realizada por **Wassily Kandinsky** en el año 1910, se trata de una acuarela. Es una obra que puede representar la creación del mundo. En este caso los colores serían las formas que pretenden provocar una emoción en el espectador. Perfectamente consciente de lo que acaba de crear el autor titula la obra *Primera acuarela abstracta*. En este punto debemos decir que algunos artistas se habían acercado a esta tendencia con anterioridad. No tenemos más que pensar en algunas obras realizadas por **William Turner**, donde apreciar las formas es complicado por el exceso de humo o niebla. *Lluvia, vapor y velocidad* es un perfecto ejemplo.

Poco a poco otros movimientos artísticos van acercándose también a la abstracción en fechas próximas a esa primera acuarela. El primero de ellos será el cubismo, en sus dos vertientes, por un lado el cubismo analítico y por otro el cubismo sintético.

En el cubismo analítico los objetos y figuras se descomponen observados de distintos puntos de vista, creando formas geométricas que cada vez hacen más complicado el reconocimiento de los elementos que aparecen en las obras. Estamos hablando de obras realizadas por **Pablo Picasso** y **Georges Braque** en los años 1908-1910. Quizás es posible reconocer alguno de los elementos representados, una nariz, una corbata, una botella. El resto de la representación está tan geometrizado que es imposible su asociación mental con una forma concreta.

La primera obra abstracta realizada por un pintor cubista será ejecutada en el año 1912. Es un trabajo de **Pablo Picasso** que lleva por título *Naturaleza muerta con silla de rejilla*. En ella el artista ya no pinta sino que se dedica a incorporar papeles y objetos al cuadro. Se trata por tanto de un collage compuesto por el asiento de la silla y diferentes papeles de periódico, también papeles pintados. Todo ello en un lienzo de forma oval cuyo marco está formado por una cuerda que también es real. El collage será seña de identidad del cubismo sintético frente al uso de la pintura ocre en el analítico. Cajetillas de tabaco, papeles que decoraban las paredes de las viviendas, partituras de música, papeles de periódico, cajas de cerillas, cartas de una baraja, son algunos de los elementos que se incorporan al cuadro. Todo ello se mezcla con brochazos pictóricos extendidos de forma aleatoria.

Avanzamos hasta el año 1915, cuando el artista de origen ucraniano **Kazimir Malevich** presenta su *Cuadro negro*, se trata de una obra en cuyo centro hay un gran cuadrado negro rodeado por un marco pictórico de color blanco. Esta obra inaugura el suprematismo y también una tendencia geométrica de la abstracción. Estas obras trataban de definir la esencia de la pintura, reduciendo las formas a los elementos más básicos, representados por líneas, formas geométricas o bien una combinación de colores.

Vassily Kandinsky también practicó este tipo de obras en las cuales las formas geométricas eran importantes. El artista decía que ante cualquier obra no eran importantes los objetos sino los colores que formaban parte de ella y la fuerza que estos adquirían en la obra. El arte abstracto supone para este artista una nueva época de esplendor para la pintura, un nuevo lenguaje basado en el color, que no se distribuye de forma aleatoria sino con unas reglas para que la gradación sea correcta y agradable a los ojos. Sus combinaciones de líneas, puntos y el uso de color se combinan como si fueran una composición musical, afición que el artista poseía desde joven y que escuchaba al momento de pintar, mientras distribuye los colores pensando en los sentimientos que estos provocan en el espectador.

Puede que el artista más reconocible por sus formas geométricas y sus líneas de composición sea **Piet Mondrian**. Utilizando líneas rectas y distribuyendo color buscando la esencia de la pintura, se trata de colores primarios, que no se mezclan, eso sería traicionar todo aquello que de puro tienen estos colores. El artista busca con sus obras una lectura para el espectador, por ello no están realizados de forma aleatoria, sino que persiguen el origen de las formas y de la naturaleza. Sus trabajos están muy relacionados con la espiritualidad y la filosofía. Se trata de encontrar la estructura básica del universo a través de la pintura. El propio artista afirmaba que el arte no debía ser figurativo sino que debía dedicarse a indagar en los elementos más puros que conforman la realidad e investigar sobre ella.

No queremos aquí hacer un repaso de todas las vertientes que tiene el arte abstracto durante los primeros 60 años del siglo pasado[19]. Sí nos gustaría señalar algunas de las tendencias más importantes, por ejemplo el automatismo que tiene lugar después del nacimiento del surrealismo. El artista abandona su voluntad para distribuir la pintura de forma aleatoria según unos movimientos de la mano que no están premeditados.

Relacionado con el automatismo y coincidiendo con el desplazamiento del centro artístico mundial

---

[19] Para poder seguir la evolución del arte abstracto en los primeros 60 años del siglo XX se puede consultar Blok, Cor *Historia del arte abstracto (1900-1960)*. Cuadernos de Arte Cátedra 10. Madrid 1987

desde París a Nueva York, surge el expresionismo abstracto, cuyo máximo representante puede que sea **Jackson Pollock**. La técnica del "dripping" consiste en un goteo de pintura bien mojando una brocha que luego se deja caer sobre un lienzo situado en el suelo o bien agujereando un bote de pintura y moviéndolo de forma aleatoria alrededor del lienzo.

Resulta curioso que sobre esta técnica pictórica el pensador italiano **Mario Perniola** decía en su último libro que si un cuadro de este tipo puede ser pintado por cualquiera de nosotros o por un mono moviéndose con un bote de pintura agujereado en la mano, "el arte se ha precipitado de manera regresiva"[20].

Si el expresionismo abstracto encontró el apoyo de galerías y coleccionistas en Estados Unidos, en Europa será el informalismo uno de los estilos abstractos con mayor éxito, sobre todo en España con representantes como **Antoni Tapies, Manuel Millares** o **Antonio Saura** que tratan cada uno en su estilo de buscar aquello que de expresivo tiene la materia, buscando en algunos casos como el del canario **Millares** las tres dimensiones en sus homúnculos realizados con arpilleras pintadas con diferentes colores y agujereados para conseguir esa sensación.

Por último nos gustaría señalar al movimiento minimalista que, jugando con la simpleza de las líneas geométricas, tuvo su éxito a lo largo de la década de los 60. Se trata de un estilo que conecta muy bien con los

---

[20] Perniola Mario *El arte expandido*. Casimiro libros. Madrid 2016

gustos de la gente y que tendrá grandes representantes, tanto en escultura como en pintura.

Pero tras la superación del minimalismo la situación se vuelve más complicada para el arte abstracto. Si surgió como una necesidad provocada por el interés de los artistas de buscar nuevas expresiones que lucharan contra la fotografía, ese planteamiento parece ahora superado. El nacimiento del arte pop supone una reacción a todo lo que tiene que ver con la abstracción, igual ocurre con otros movimientos como la nueva figuración que reacciona contra el dominio del informalismo en España.

Una vez que superamos el minimalismo, cuando tratamos de realizar una obra abstracta, da impresión de que todo está ya realizado y no se puede aportar ninguna novedad. Se trata de una simple imitación donde se repiten movimientos que calificamos como neoexpresionismo, neogeométricos, neominimal. Son movimientos que no aportan novedades sino que repiten estilos anteriores. Algo parecido ocurrió con la arquitectura en numerosos movimientos de este tipo que se suceden a finales del siglo XIX y principios del siglo XX. Tenemos en España múltiples ejemplos donde el neogótico se hizo muy popular, pero encontramos tendencias neomudejar en la ciudad de Sevilla, edificios de referencia durante el siglo XVI como el Palacio de Monterrey para las obras neorrenacentistas u obras neorrománicas como la Basílica de Covadonga. Se trata de trabajos donde los arquitectos han avanzado en conocimientos técnicos y utilización de nuevos materiales, pero cuyas formas artísticas repiten los motivos de estilos anteriores.

A esta idea de repetición debemos sumar la importancia que adquiere el arte conceptual (retomando ideas del dadaísmo) y el cambio que va a sufrir el arte, debido a la importancia de las ideas asociadas a la obra, buscando la participación del espectador como parte importante de la obra, cuyas formas de expresión se amplían a estilos como la performance o el body art.

Vamos a tratarlo en nuestro siguiente apartado, pero las ideas del movimiento situacionista, ligado en algunos casos a las revueltas de mayo del 68 en Francia, será muy influyente. Se trata de un arte que sirva a la gente para reflexionar, que ya no está unido a la belleza estética, como ocurría en el pasado. A partir de ahora es más importante el mensaje que tiene la obra que la obra en sí. El espectador es partícipe y está invitado a participar en ella a través de la idea que esta trata de trasmitirle.

Partiendo de las ideas expresadas en el último párrafo y la imposibilidad de aportar novedades a las obras abstractas realizadas en el siglo XX, pensamos que no tiene mucho sentido la realización de obras abstractas fuera de un contexto conceptual como el que acabamos de expresar. Pero esas ideas, esos mecanismos de reflexión que ayuden al espectador a tener criterio propio, se expresan mejor de forma figurativa.

¿Significa esto que no se puede pintar abstracto? La respuesta es no. Cada uno puede elegir el mejor camino para su pintura. Un artista decide cuál es el la mejor forma para expresarse. Pero si es cierto que desde nuestro punto de vista, para expresar mejor el mensaje y ayudar al espectador a intentar encontrar los rincones ocultos que el poder trata de ocultar con la complicidad de los medios de comunicación, la mejor manera de hacerlo es a través del arte figurativo.

A VUELTAS CON EL SITUACIONISMO

Se trata de una de las últimas vanguardias del siglo XX. Algunas de sus ideas están muy presentes en las obras de arte que se realizan en la actualidad. Hablamos de una referencia para la escena artística que tendrá lugar después de la revolución de mayo del 68 en Francia. Analizada la revolución en sí, no tuvo consecuencias a nivel político pero a nivel ideológico supone un cambio de mentalidad. A nivel artístico su influencia es enorme, capital. Algunos de los ideólogos del movimiento como **Guy Debord**, del cual hablaremos profusamente en este apartado, no es que hayan sido capaces de modelar un nuevo modelo de sociedad, como pretendía, sino que varios de los vaticinios llevados a cabo en sus escritos, se han hecho realidad en nuestros días.

Pero si queremos hablar del situacionismo y sus ideas está bien que vayamos a los orígenes. El situacionismo es un movimiento que tiene mucho que ver con la arquitectura y el diseño arquitectónico de la ciudad. El precedente de estas ideas están en el Grupo Cobra, un buen número de arquitectos cuyas ideas partían de una renovación del arte y la influencia que este tenía en la vida de la gente durante los años 50, que es cuando se inicia. La figura principal de este movimiento será el pintor **Constant Nieuwenhuys**, que tras la disolución de Cobra, se ocupó mucho más de la arquitectura. Llegó a diseñar una ciudad ideal que llevaría el nombre de Nueva Babilonia. Una de sus principales ideas era que la arquitectura debía servir para transformar la vida cotidiana de la gente. Liberados estos del trabajo físico podrían dedicarse al desarrollo de las ideas. Se trata de una arquitectura que cree situaciones que estimulen el desarrollo creativo de las personas que allí viven, al tiempo que se levantan nuevas estructuras sociales ligadas a la construcción.

Si seguimos avanzando en el tiempo encontramos otro precedente del situacionismo en el Movimiento Letrista del artista rumano **Isidore Isou**. En sus trabajos había recibido gran influencia de la provocación que tienen las obras del dadaísmo y del surrealismo, una carga iconoclasta que no deja al público indiferente ante alguna de sus muchas formas de representación. La cuestión es si se puede conectar el arte y la vida cotidiana. Saber si es posible que las obras de arte puedan servir para condicionar e incluso transformar la vida.

Debemos tener en cuenta que el arte que se desarrolla durante los años 60 muestra un fuerte compromiso con algunos temas que aquejan a la sociedad del momento. En muchos lugares se están realizando manifestaciones pacifistas contra alguno de los conflictos bélicos del momento. También observamos manifestaciones por la igualdad de derechos en Estados Unidos, es la época de los discursos de **Martin Luther King** y su posterior asesinato, que tuvo lugar en el año 1968. Tenemos también críticas a la sociedad de consumo. La riqueza de muchas personas que viven en países desarrollados aumenta de forma considerable, aparecen nuevos consumidores en la clase media a los que hay que atraer con novedosos productos. Esas críticas nos hablan también del consumo artístico: el arte se ha mercantilizado de tal manera que se ha convertido en un producto más de consumo. Sirve para satisfacer una necesidad creada por la sociedad que posiblemente, una vez adquirido, cree frustración y búsqueda de un nuevo producto. Para evitar esta excesiva dependencia artística del mercado surge el Movimiento Fluxus que trata de crear situaciones en las que se critica el funcionamiento del sistema del arte, con obras imposibles de adquirir pero en las que sí es posible enfrentarse a una realidad que nos lleve a una reflexión.

Es curioso observar cómo se desarrolla el arte pop en España. Frente a la representación de objetos de consumo como sucedía en Estados Unidos, en España, muchas de las obras de arte pop critican la situación de dictadura que vive el país y la patente falta de libertad para poder expresar las ideas. El **Equipo Crónica** será capaz de representar en sus obras, con una gran ironía, todo un arsenal de denuncias y reclamaciones. Artistas como **Josep Guinovart** en su ilustración *La Bomba Yeye* revela los hechos ocurridos en Palomares cuando una bomba nuclear americana cayó en la playa de la ciudad almeriense. **Adolfo Celdrán** incluye imágenes que cuestionan la falta de libertad de reunión. Aunque sin duda el artista más destacado en este tipo de críticas será **Eduardo Arroyo**, bien es cierto que vivía en Francia cuando realizó este tipo de obras y eso le proporcionaba un camino libre lejos de la censura que existía en España en ese momento[21].

El libro de **Patricia Badenes Salazar** cita a la crítica de arte **Lucy R. Lippard** cuando dice que "la

---

[21] Para más información sobre este tema, tanto a nivel artístico como musical está bien analizar algunos de los textos que aparecen en el

buena propaganda debería ser el arte: una provocación, un nuevo modo de ver y pensar sobre lo que pasa a nuestro alrededor"[22]. No podemos estar más de acuerdo con esta afirmación y definición de lo que debería ser el arte.

Será en los años 60 cuando surge un nuevo soporte que debemos tener en cuenta. Se trata de un soporte que sirve lo mismo a la publicidad que al arte, cada uno en una vertiente diferente. Para la sociedad de consumo el cartel sirve para anunciar sus productos, aquellos que muchas veces se adquieren de forma compulsiva e irracional para sentirse "feliz". Pero el cartel también está a disposición del artista y puede servir para denunciar a esa sociedad obsesionada por el consumo. Los carteles sirven también para transmitir ideas, esto es algo que recoge la revolución de Mayo del 68. Carteles con ideas que ayudan a la agitación social y al mismo tiempo cuestionan la creación de un mejor futuro para la sociedad.

Para los situacionistas el arte no debería existir. Decían que el arte debía estar al servicio de una supuesta revolución que habría que llevar a cabo. Se trata de una revolución marxista, pero llena de matices, porque este movimiento es muy consciente de las atrocidades cometidas en la Unión Soviética y no

---

Catálogo de la Exposición *Reflejos del Pop* celebrada en el Museo Carmen Thyssen de Málaga durante los meses de Marzo-Septiembre de 2016. Edita Fundación Palacio de Villalón. Málaga 2016.

[22] Badenes Salazar, Patricia *La estética de las barricadas*. Biblioteca de la Universidad Jaume I. Castellón de la Plana 2006.

quieren repetir un modelo de terror y muerte como el que allí sucedió.

Entonces no existirá un arte situacionista sino que el arte se convierte en instrumento para extender el mensaje situacionista. Según ellos el arte debería ser un resumen de las experiencias vividas. Los artistas serán los encargados de difundir un mensaje cargado de recuerdos presentes y de proyectos futuros que sean agradables a la sociedad.

En nuestra sociedad capitalista todo está orientado al consumo. La cultura y dentro de ella el mundo del arte, se ha convertido en un elemento más para poder consumir, no tenemos más que pensar en la proliferación de museos que existen en cada ciudad o aquellas que han convertido la cultura en la seña de identidad para atraer público. Una de las quejas de los situacionistas es que la gente carece de motivaciones y estímulos para una vida social alejada de las discusiones banales que incluyen hablar sobre el tiempo, los últimos partidos de liga, un cruel ascsinato que será sustituido por otro similar en las siguientes noticias o conversaciones políticas muy alejadas de los verdaderos ámbitos de decisión.

Queremos asistir a uno de los últimos estrenos que hay en la cartelera de cine y nos encontramos ante la tercera parte de uno de los superhéroes que tan de moda están en las salas últimamente. Llegamos a la sala, nos sentamos y comienza la película. Pasamos dos horas pegados al asiento sin tener que pensar ni una sola vez. Nos dan todo hecho. Nosotros solo estamos allí viendo pasar el tiempo entre golpes, explosiones, destrucción, efectos especiales conseguidos con el último modelo de ordenador y un argumento que se puede reducir en menos de un párrafo. Los situacionistas decían que el cine es un reflejo del tipo de sociedad que desean los poderosos. Se trata de personas que no tienen nada en que pensar porque el esfuerzo para ello es mínimo al mismo tiempo que completamente inútil. Ellos apostaban por un cine como elemento de propaganda y difusión de ideas, como vemos, estamos muy alejados de esa idea observando el tipo de cine que se realiza en la actualidad y que triunfa en taquilla.

El artista situacionista no debe trabajar para sí mismo, no realiza su trabajo para hacer crecer su ego de creador y por tanto diferente al resto. Esta idea debe ser sacrificada por su pertenencia al grupo para el cual trabaja. La organización y la obra de arte son dos conceptos iguales para el situacionismo.

Ahora pensemos por un momento en nuestra vida diaria y el tiempo que dedicamos a la reflexión sobre algunos de los temas que preocupan a la sociedad. Estamos completamente distraídos por un entretenimiento continuo que no nos permite realizar de forma sosegada ese cuestionamiento de lo que ocurre a nuestro alrededor. Da la impresión de que siempre tenemos que estar haciendo algo. Si no es trabajo, los momentos de relax se llenan con todo tipo de manifestaciones que incluyen por ejemplo, el número de horas que estamos viendo la televisión. Ese tiempo no está dedicado más que a llenar un espacio con algo que nos agrada, pero que no permite cuestionarse la realidad.

Decía **Guy Debord** que la vida cotidiana había fracasado. El poder trata de llenar de alguna manera el tiempo libre de las personas y lo hace a través del espectáculo, un estímulo que condiciona el comportamiento de la gente y reduce la capacidad de reflexión. No queda tiempo para dedicarse a pensar en otras cosas. Podemos recrear aquí todo tipo de espectáculos: futbol, cine, teatro, exposiciones, performance, conciertos, televisión, series por doquier y canales especializados solo en ello, prensa cada vez más sensacionalista, noticias que crean dependencia para mirar o escuchar de nuevo cada poco tiempo. La capacidad de atracción de la imagen no estaba suficientemente valorada a finales de los años 60. Actualmente la imagen lo invade todo, hasta nuestros teléfonos a través de fotografías, vídeos e interacciones con cualquiera las redes sociales existentes.

Ver pasar el tiempo de esta manera, como decía **Guy Debord**, nos impide vivir. Sobrevivimos, pero en realidad no estamos viviendo. Distraídos por el espectáculo y el consumo, no podemos centrarnos en los problemas reales de la sociedad. Se crean necesidades ficticias para personas completamente mediatizadas por imágenes de todo tipo, fijas o en movimiento. Las personas que ejercen el poder no son ajenos a ello y lo promueven para así controlar la opinión pública en su propio beneficio.

Por ello el arte debería entenderse como un oasis de resistencia, de reclamación ante las situaciones injustas que se repiten día a día en nuestra sociedad[23]. Si permitimos a los poderosos imponer sus tesis sin cuestionar cada una de las informaciones que nos llegan, eso significa que se han salido con la suya. A veces será el arte el que trate de que despertemos de esa situación[24].

Acostumbrados como estamos en los medios a todo tipo de imágenes a cual más desagradable, nadie puede sentirse sorprendido por lo que plantee cualquier obra de arte, ni siquiera indignarse, porque seguro que comparando unas con otras, el espectador que acude a cualquier museo lleva las de perder.

Tras los episodios vividos a los largo del siglo XX, cuando los nazis trataron de dar las pautas para el arte calificando todo aquello que no era de su gusto o que no era alemán como "arte degenerado" o bien los rusos, que convirtieron el arte en propaganda de la dictadura del proletariado, sería bueno recordar que **Jacques Rancière** proponía que el arte no debía estar al servicio de los políticos, sino que debía inventar nuevas formas políticas. Se trata de una nueva perspectiva para aproximarse a los temas de conflicto, una invitación a la participación activa del espectador[25]. Por eso los

---

[23] "El arte no debe ser gobernado y solo puede hacerlo a través de la resistencia. Es una negativa a aceptar como verdadero lo que la autoridad dice que es verdad". Castro Flórez, Fernando *Arte y política*...opus cit

[24] "¿Qué lazo puede existir entre una obra de arte y un acto de resistencia si los que resisten no tienen ni tiempo ni, a veces, la cultura necesaria para establecer una mínima relación con el arte?" Giles Deleuze *¿Que es el acto de creación?* Deux Regimes de Fous. Textes y entretiens. 1975-1995. Editorial Minuit. Paris 2003. Pag 300-301

[25] Castro Flórez, Fernando *Arte y política*... opus cit

artistas deberían tener cuidado porque arte y política, aunque los creadores se nieguen, en muchos casos se terminan mezclando. Hay personas que abogan por un arte que esté basado en la propaganda y la agitación de los espectadores que lo contemplan.

Guy Debord [26] pensaba que la sociedad capitalista que había progresado en Europa después de la Segunda Guerra Mundial había perdido sus capacidades espirituales. El componente social diseñado tras la gran guerra en muchos de los países participantes se había visto debilitado tanto en la esfera pública como en la esfera privada. La vida privada ya no escapaba al control del estado y las fuerzas que ejercen el poder.

¿Cuál es la manera que el poder tiene de controlar a las masas? **Debord** piensa que a través del espectáculo. Durante el tiempo libre, tiempo que no es de trabajo, la sociedad está distraída a través del espectáculo y ello le impide preocuparse de los problemas reales de la sociedad. El espectáculo impide a la gente establecer una reflexión sobre aquellos temas donde las personas con poder no quiere que se hurgue, que se indague, que se investigue. Por tanto cuanto más espectáculo mejor, de esa manera el tiempo pasa y nadie levanta la voz contra aquellas situaciones que se revelan injustas a los ojos de la sociedad, que está pensando en otra cosa, bien sea la final de la Copa de Europa de fútbol, la última película cargada de efectos especiales o como en nuestra serie favorita los principales personajes van

---

[26] Debord Guy *La sociedad del espectáculo*. Editorial Pre-Textos. Madrid 2015

muriendo uno tras otro hasta quedar su número reducido a la mínima expresión.

Durante la Edad Media en Europa la iglesia era la encargada de controlar a la gente gracias a la religión. La amenaza realizada sobre la perdida de la vida eterna y la posibilidad de pasar el resto de la existencia en el infierno, servía a los sacerdotes para guiar a la sociedad hacia los lugares que le interesaban en cada momento. De esa manera se ejercía el poder ante una sociedad sin capacidad de reacción. Pero a lo largo del siglo XX se va superando poco a poco el miedo a perder la vida eterna en parte gracias al acceso a la educación y la cultura. La gente ya no es tan fácil de controlar como antes y puede pensar por sí misma escapando al control de las personas que ejercen el poder político o empresarial. ¿Cuál será la mejor manera de controlar a toda esta gente? A través del espectáculo y la proliferación de todo tipo de imágenes. Algunas simplemente para satisfacer necesidades previamente creadas, otras para estar entretenido e impedir durante ese tiempo elucubrar sobre otra cosa.

El tema sobre el que debemos centrarnos es que **Guy Debord** habló sobre ello hace muchos años. Ya tenía estas ideas a finales de los 60. Desde entonces hemos progresado y vemos como el espectáculo cada vez ha ido a más, hasta estar presente cada momento de nuestras vidas y nuestro tiempo libre. Tratamos de llenar el tiempo con lo que sea, cuanto más espectacular, mejor. Parece como una premonición del tiempo que está por venir. Cada uno de estos espectáculos refleja conclusiones completamente banales, sin nada en claro que extraer.

Vamos a poner un ejemplo fácil de comprender. Llega la hora de la cena y nos apetece ver las noticias. Queremos saber qué ha sucedido en el mundo y tenemos curiosidad por si ha llegado a su fin, cosa que vemos no acaba de suceder sin nosotros enterarnos. Las noticias son una mezcla del tiempo que hace (frío en invierno, calor en verano y templado en primavera u otoño), algún tema político sobre el que posicionarnos dependiendo de nuestra ideología (se tiende a ver o escuchar aquello que coincide con nuestros intereses para cargarnos de razón), varios sucesos (no importa cuáles ni siquiera somos capaces de recordarlos porque son sustituidos por otros iguales o peores en las siguientes noticias, no digamos si estos sucesos tienen lugar lejos de nuestro ámbito más cercano), finalmente deporte, mucho deporte, que envilece a las masas y crea cada vez un número mayor de fanáticos, que centrados en unos colores, no se preocupan de otro tipo de cosas mucho más importantes.

La imagen es el punto principal en el que se apoya el espectáculo. En los últimos años el consumo de imágenes ha crecido de forma exponencial, mucho más desde la proliferación de teléfonos móviles conectados a internet o la extensión de aplicaciones como YouTube. **Guy Debord** decía en su libro que cuanto más se contempla menos se vive.

Cargado de objetos para poder consumir y novedades constantes, el espectador ya solo tiene interés por aquellos eventos que le ilusionan, que creen que le puede aportar una nueva sensación, cargada de grandes dosis de adrenalina. Con ello se llena el tiempo de la sociedad todas las horas del día, trabajo y tiempo libre, este último como un producto de consumo más en el cual saltamos de un espectáculo a otro.

Debemos decir que hay otros autores que defienden un discurso menos incendiario que **Guy Debord**, por ejemplo **Régis Debray** habla del espectáculo como mediación para así poder educar a la masa[27]. Sus premoniciones no se cumplieron.

Siguiendo los pasos de **Debord** el premio nobel **Mario Vargas Llosa** trató de realizar una continuación a *La Sociedad de Espectáculo* y la aplicación que podemos darle en nuestros días[28]. La cultura en sí ha dejado de ser un tema de discusión para convertirse en un producto más de consumo. Ya no se necesita una formación especial para disfrutar todo aquello que nos ofrece la televisión, el cine o los últimos lanzamientos musicales. Lo que antes era calificado como pasatiempo ahora simplemente se llama cultura con letras mayúsculas. Igual que se ha banalizado y ampliado el concepto de artista, con la cultura ha ocurrido lo mismo y reciben el calificativo auténticos bodrios cuya finalidad es solo entretener.

Tras toda esta explicación viene una pregunta, ¿no será la función del arte contemporáneo intentar que la gente despierte del sueño en que el espectáculo le tiene sumido? ¿No debería intentar introducirse en aquellas rendijas que el sistema le permite para plantear

---

[27] Entrevista a Régis Debray con Nicolas Weill. Publicado en Le Monde 19 de Julio de 1996
[28] Vargas Llosa, Mario *La civilización del espectáculo*. Editorial Alfaguara. Madrid 2012

al espectador las cuestiones que afectan tanto a su vida como a la sociedad en la que se mueve? Quizás si respondemos a estas preguntas realizadas tras este planteamiento encontraremos la importancia que tiene no solo la revolución de Mayo del 68 sino también las ideas de **Guy Debord** acerca del comportamiento de la sociedad contemporánea. Deberá ser el artista el que reivindique aquellas injusticias que se plantean dando por hecho que las personas que se encuentran en el poder solo defienden sus propios intereses[29].

---

[29] "¿Se es artista si uno no prende fuego a la pólvora y se limita a lamerle el culo al poder vigente?" *Los artistas en Mayo del 68*. Entrevista a Michel Hubert y Jean Jacques Lebel realizada en París el 18 de Mayo de 2008. En *Una superación del arte Mayo 68 o el espectáculo de la sociedad*, catálogo de la exposición. Córdoba 2009.

EL MOVIMIENTO FEMEN

Estamos viendo las noticias en televisión. De pronto informan que un grupo de mujeres con el pecho descubierto y algunos mensajes escritos sobre ellos, han aparecido de repente en un lugar concreto para hacer una reivindicación. La situación llama la atención. ¿Qué hacen esas mujeres enseñando sus pechos en televisión, moviéndose de un lado a otro, peleando con la policía o los agentes de seguridad? No cabe duda de que han conseguido su objetivo, aunque tengo dudas si obnubilados por la escena, algunos de los espectadores han captado el mensaje que las chicas llevaban escrito encima de sus pechos y en el estómago.

Femen es un movimiento feminista que tiene su origen en Ucrania. El nacimiento del movimiento tuvo lugar en el año 2008. La fundadora se llama **Anna Hutsol**, una mujer ucraniana que trataba de combatir el turismo sexual que se producía en su país y la proliferación de la prostitución. Las primeras apariciones del grupo están ligadas a diferentes performance en la ciudad de Kiev. Este grupo trató de extender su mensaje a través de los medios tradicionales, pero pronto se dieron cuenta que el mensaje no llegaba y encontraban muchas dificultades para su difusión. Por ello decidieron que la mejor manera de conseguir esa repercusión era llamar la atención lo más posible. Será en 2010 cuando por primera vez deciden utilizar su pecho desnudo para que los medios se fijaran en ellas y lograr atraer el ojo del espectador hacia sus cuerpos y así también al mensaje que tratan de transmitir.

Sus primeros objetivos serán el presidente de Ucrania **Viktor Yanukovich** que estuvo en el poder entre 2010 y 2014 y el eterno presidente de Rusia **Vladimir Putin** debido a su gran influencia en la zona. Para sus primeras reivindicaciones recibirán el apoyo del grupo punk ruso **Pussy Riot**. Desde Ucrania esta forma de protesta se extiende a otros países de la zona, como Bielorrusia, donde el presidente **Alexander Lukashenko** ejerció una represión muy dura.

Las activistas de Femen encontraron un buen campo de acción durante la celebración de la Eurocopa de fútbol que tuvo lugar en los países de Polonia y Ucrania en el año 2012. La repercusión de este acontecimiento sirve al grupo Femen para denunciar la explotación sexual que sufren muchas mujeres en su país, al tiempo que se denuncia la importancia que tiene la iglesia ortodoxa rusa en la vida de estos países del este de Europa.

El primer país del oeste de Europa donde aparecieron activistas de este movimiento será en Francia, también en el año 2012, cuando en el país se debatía la posibilidad de establecer una ley de matrimonio homosexual. Desde ese momento hemos visto este tipo de manifestaciones (respaldadas siempre por los medios de comunicación) en países como Egipto, donde han protestado por el papel que juega la mujer en la religión musulmana, sobre todo en aquellos países donde se aplica o se pretende aplicar la Sharia o Ley Islámica. En este caso cargaban en sus textos aludiendo a que la Sharia no es una constitución, contra el

Presidente Mohamed Mursi (que solo fue presidente del país durante un año y fue derrocado por un golpe de estado en el año 2013 que dio lugar a una dictadura que se mantiene hasta nuestros días) o aludían a la religión como una esclavitud. También en España hemos visto activistas que ha protestado por la reforma de la ley del aborto que se pretendió llevar a cabo en el año 2015 y que fue capitaneada por el ministro de justicia **Alberto Ruiz Gallardón** (que terminó dimitiendo ante la polémica creada por la ley y que no saliera tal como él había diseñado). También en la misma fecha hemos visto el pecho de diferentes activistas cuando entró en vigor la Ley Orgánica de protección de la seguridad ciudadana, más conocida como Ley Mordaza, que comenzó a aplicarse también en el año 2015.

En los últimos tiempos sabedores de la importancia de los medios de comunicación y la repercusión que tienen algunos hechos, algunos grupos terroristas han aprovechado para realizar todo tipo de atrocidades que han causado decenas de miles de muertos. El terrorismo, una lacra terrible de nuestro tiempo, no sería nada sin los medios de comunicación. Las televisiones extienden todo tipo de terribles imágenes cargadas de destrucción y muerte en pos de diferentes ideales que reparten culpas sembrando de muertos las calles de diferentes ciudades[30].

El manifiesto del grupo habla de la necesidad de una revolución, desde un punto de vista pacífico como

---

[30] "El terrorismo busca el efecto eco en los medios de comunicación que hacen que sean conocidas en todo el planeta. La gente que lo escucha podrían discutir sus causas creando un efecto imitación que

decía **Stephane Hessel** en su libro *Indignaos*[31]. Allí dicen que el cuerpo desnudo femenino que antes estaba al servicio de un sistema patriarcal, ahora está al servicio de la revolución. El pecho desnudo es el principal elemento de reivindicación. Al mismo tiempo que cargan contra la sociedad patriarcal lo hacen contra la religión que controla a los fieles a través del miedo y la ignorancia, llegando a calificar a la misma como el brazo armado de la dictadura patriarcal.

Cada vez más las noticias de los medios nos ofrecen textos cargados de desastres, donde no existe margen para el mensaje positivo. Estamos acostumbrados a digerir diariamente un número ingente de muertos, escenas de dolor, crímenes incomprensibles para la mayoría de personas y sucesos varios cercanos o lejanos. Sabedores los editores de estos programas de que el escándalo es un eficiente mecanismo de venta, no desperdician detalles, a cual más escabroso, cuando transmiten este tipo de acontecimientos. Los números que proporcionan las audiencias y los ingresos de publicidad están ligados a unas novedades cargadas de morbo y de sangre. Con ello también se consigue un efecto de excitación y miedo permanente porque en cualquier momento cualquiera de nosotros podemos aparecer en el siguiente telediario como una más de esas

---

hace que otro las repita". Castro Flórez, Fernando *Arte y política en la era de la estafa global*. Editorial Sendema 2014.

[31] "Una verdadera insurrección pacífica contra los medios de comunicación de masas que no proponen para nuestra juventud más que el consumismo de masas, el desprecio de los más débiles y de la cultura, la amnesia generalizada y la competición a ultranza de todos contra todos" Hessel Stéphane *Indignaos* Editorial Destino 2011.

víctimas inocentes. Mantener la tensión es muy importante para conseguir audiencia. Con estas noticias es fácil que así sea.

La cuestión de fondo de toda esta introducción es si podemos considerar las manifestaciones de estas mujeres que utilizan su cuerpo desnudo donde escriben mensajes como arte. Estamos acostumbrados en las últimas décadas a aceptar como manifestaciones artísticas todo tipo de performances realizadas por algunos de los más considerados artistas en este género. Hemos visto como **Joseph Beuys** se dedicaba a hablarle a una liebre muerta en una de las galerías de la ciudad de Dusseldorf o bien como este mismo artista en el año 1982 hizo colocar 7000 bloques de piedra frente a la entrada del museo Fridericianum de la ciudad de Kassel, donde tenía lugar la bienal artística de ese año. Al final de la pila de bloques de piedra plantó un roble y solo podrían removerse esos bloques de piedra por cada árbol que se plantara junto a ellos. Las rocas tardaron en retirarse cinco años, pero finalmente se completó el trabajo y se plantaron 7000 robles en la ciudad alemana de Kassel. También hemos hablado de **Marina Abramovic** y como permanece sentada sin decir nada frente al público en el MOMA de Nueva York o bien alguna de sus primeras obras donde se cepilla el pelo con violencia hasta hacerse daño, causando una gran angustia en el espectador que lo contempla.

Una de las principales características de la performance es la provocación, entronca de esta manera con los orígenes del dadaísmo en el año 1916 y con el discurso conceptual que trata de remover la conciencia de la persona que lo está contemplando. Uno de los ejemplos más extremos lo encontramos en el artista **Sebastián Horsley** que se hizo famoso cuando grabó su propia crucifixión en Filipinas. Su intención era sufrir en sus carnes el mismo dolor que Cristo y alcanzar así el sufrimiento extremo.

Si todas estas manifestaciones se consideran una obra de arte, ¿por qué no podemos considerar una performance cada una de las apariciones de Femen para protestar contra alguna de las que consideran injusticias del sistema? Si en el apartado anterior hemos afirmado que el arte debía ser político y reivindicativo, que la pancarta con un lema sirve no solo para la manifestación sino también para el arte, ¿no están estas mujeres apelando a sus derechos o a las injusticias que su grupo considera dignas de protesta escribiendo en su pecho y estómago frases alusivas a sus demandas? Claro que también podemos cuestionar si su forma de llamar la atención es la más adecuada para obtener repercusión en los medios o la forma de realizarlo, denigra el cuerpo de la mujer con intención de obtener una repercusión mediática que podría conseguirse de otra manera más lenta pero quizás igual de efectiva.

Estaría bien que con todos estos argumentos pudiéramos establecer una reflexión sobre aquello que consideramos arte en la actualidad o si existe una banalización de la palabra y se puede considerar arte cualquier cosa que se presente como tal o, a veces, como en este caso, simplemente sin tener intención artística. Como ya hemos afirmado será el tiempo el que ayude a diferenciar lo que es arte y lo que no lo es. El tiempo es el mejor sedimento para cualquier manifestación artística y el elemento que ayuda a diferenciar el trabajo de un creador de lo que consideramos simple oportunismo[32]. No tenemos más que pensar en algunas obras que aluden a temas que se encuentran de moda durante un tiempo pero que son sustituidos por otros, quedando completamente en el olvido los anteriores y por tanto las obras que hablaban de ellos.

---

[32] "¿Es posible exponer cualquier cosa? El arte actual puede calificarse como despiadado, llegando a veces a confundirse con los memoriales que nos muestran los desastres de la guerra. Un arte que apoyándose en la libertad de expresión muestra todo tipo de imágenes sin posibilidad de crítica, ya que no es políticamente correcto cuestionarlo". Virilio, Paul *El procedimiento silencio*. Paidos. Buenos Aires 2001.

LOS ARTISTAS OUTSIDERS

Hace pocos días estaba comiendo en una terraza de una de las plazas más conocidas de la ciudad de Sevilla. De repente en el centro de la plaza se situó un hombre que comenzó a llamar la atención de la gente que disfrutaba del buen tiempo tomando algo en alguno de los muchos bares del lugar. Empezó a realizar varios ejercicios que incluían algunos equilibrios y malabares. Incluso se acompañaba en parte de su actuación de música con un altavoz pequeño pero bastante potente. Al terminar y después de dejar recogido el material utilizado, pasaba por las mesas para pedir unas monedas. Paraba en cada una de ellas y decía con una sonrisa: "¿Alguna moneda para el artista?". Es decir, a sí mismo se considera como un artista por el hecho de realizar una serie de ejercicios de verticalidad y tener un diestro dominio con las mazas en sus manos.

De eso queremos tratar en este apartado, de lo que consideramos un artista y cómo distinguirlo de uno que no lo es. Pensamos que actualmente la palabra artista se ha banalizado y que cualquiera la utiliza con bastante ligereza. En el pasado para que alguien fuera calificado como artista tenía que tener un aura cuasi divina. Un creador podía situarse en un escalafón inferior a Dios que también fue capaz de crear todo lo conocido en seis días. Los artistas medievales no dejaban de ser meros imitadores de todo aquello que Dios había creado, aunque la capacidad de realizar bien esa imitación era muy valorada por sus contemporáneos.

Con la llegada de la posmodernidad el número de artistas se ha multiplicado de forma exponencial. Da la sensación de que cualquier persona que es capaz de hacer algo puede ser considerado como un artista. Es igual que se dedique al baile, a la escritura, a la pintura o al cante. Centrados en el arte deberíamos tener una manera de distinguir no solo aquellas personas que pueden ser consideradas como artista sino también si sus obras merecen ese calificativo o son un mero bluf pasajero.

    Dentro del arte contemporáneo existe un sistema lleno de agentes que sanciona y separa a los artistas de aquellos que nunca llegarán a ser considerados como tales, ni siquiera conocidos por la mayoría de las personas involucradas en este sistema. Se dan una serie de condiciones para que alguno de estos artistas entre dentro del sistema. Por poner un ejemplo, se puede acceder al sistema cuando un artista ficha por una galería de arte en la cual realiza exposiciones, estas pueden estar dilatadas en el tiempo, depende del éxito de ventas. Algunos artistas después de realizar una o dos exposiciones con su galería, si no tienen el éxito deseado, no volverán a exponer con ellos. Si no son capaces de encontrar otra galería el mismo sistema que les aceptó acaba de expulsarles. Es posible que la galería donde exponen arriesgue y edite un catálogo del artista con textos críticos dedicados a justificar su obra y situarla dentro de algún contexto social importante en ese momento. Esto puede ayudar mucho a que el artista sea conocido. Los mismos críticos pueden escribir textos en periódicos, suplementos culturales o revistas especializadas que nos den algunas pistas y ayuden a comprender mejor la obra del artista, sus influencias, ideas y su relación con nuestro tiempo. El coleccionista como hemos dicho también contribuye con su compra a que ese artista propuesto por la galería encuentre acomodo entre los bienes adquiridos, ayudando después a su difusión con el préstamo de obras para futuras exposiciones. Las galerías pueden también difundir sus artistas en ferias de arte que se celebran en las principales ciudades del mundo y donde el ambiente de "último momento" influye en las compras que realizan tanto coleccionistas como instituciones. Todo lo que acabamos de exponer para la labor de la galería en el sistema del arte puede ser aplicado también al museo. Estos edificios y concretamente los curadores que trabajan en ellos se encargan de sancionar la obra de los artistas y ayudan al público a distinguir con sus exposiciones lo que se puede considerar como una obra de arte. No es necesario que el artista trabaje con alguna galería porque el proceso puede ser el contrario, es posible exponer primero en un museo, participando allí en una exposición individual o colectiva y de esta manera ser descubierto por una galería a la que pueda interesar la presencia del artista como parte de su staff. La producción de un catálogo, que sirva no solo de presentación al artista sino también como escaparate del tipo de publicaciones editadas por ese centro de arte, la invitación a críticos o comisarios a juzgar la exposición y la difusión a través de una cuidada comunicación, están presentes también en cualquier museo actualmente. La diferencia es que el museo no vende, solo como hemos dicho sanciona y orienta el gusto artístico de algunas de las obras más actuales.

    Lejos de la descripción que acabamos de hacer cualquier artista estaría fuera del sistema y tendrá muy pocas opciones de llegar a triunfar de forma masiva con sus obras. Tengamos en cuenta el número de licenciados en Bellas Artes que cada año salen de las universidades españolas. Muchos de ellos no pasarán de ser una simple promesa y la gran mayoría no llegarán aunque quieran al circuito del arte profesional. No digo con esto que no pueda ser una persona conocida, pero su trabajo quedará reducido a un ámbito mucho menor en el cual el paso a la irrelevancia es excesivamente corto. Entrar en el sistema resulta muy complicado y son pocos los que llegan a hacerlo, al mismo tiempo salir del sistema es excesivamente fácil y fuera del sistema solo existe la nada para el artista. Se trata como indica **Pascal Gielen** del murmullo de aquellos que quieren también ser atrapados por una multitud económica o mediática[33].

El pensador italiano **Mario Perniola** [34] nos habla en uno de sus últimos libros[35] sobre la Bienal que se celebró en Venecia en el año 2013 y que estuvo dedicada a cuestionarse el concepto de artista, exponiendo algunas obras que jamás habían tenido cabida en un museo o en una galería. Se trata de personas que habían trabajado de forma ajena al mundo

---

[33] Gielen, Pascal *El murmullo de la multitud artística. Arte global, política y posfordismo*. Brumaria. Madrid 2014

[34] Este catedrático de estética de la Universidad de Roma falleció en Enero de 2018

[35] Perniola, Mario *El arte expandido*. Casimiro. Madrid 2016. El libro fue publicado en el año 2015 en Turín y fue traducido al castellano y editado por la editorial Casimiro en España al año siguiente.

del arte y que por primera vez veían algunas de sus obras en una exposición.

¿Es posible en el día de hoy ser un artista alternativo? Quizás no sea posible porque cualquiera es candidato a institucionalizarse. Tenemos un par de ejemplos interesantes de artistas que empezaron realizando obras alternativas y que se encontraban fuera del sistema. Hablamos de **Keith Haring** que comenzó pintando en las calles de Nueva York. Muchas de sus obras estaban realizadas con tizas de colores sobre el suelo o sobre diferentes muros de la ciudad. La mayoría de trabajos de grafiteros han sido considerados como arte alternativo, pero dejan de serlo en el momento en que son aceptados por la institución. **Keith Haring** comenzó a trabajar con alguna de las galerías de Nueva York y su obra se convirtió en un referente de la lucha por los derechos sociales. La temprana muerte del artista como consecuencia del Sida ayudó a engrandecer su leyenda. Algo parecido le sucedió **Jean Michel Basquiat**, uno de los jóvenes rebeldes del arte. Había nacido en 1960 en el seno de una familia desestructurada. Desde joven estuvo en contacto con la calle y llegó a ingresar en una de sus bandas. Entró en contacto con el arte y sobre todo con esa idea de pintar algunos muros de la ciudad con lo que ello tenía de prohibido a finales de los años 70. Algunos de sus grafitis firmados como SAMO llamaron la atención de una de las galerías y logró entrar en el sistema realizando su primera exposición individual en el año 1980, logrando exponer en el espacio PS1 del MOMA de Nueva York en 1981. Con ese éxito se mantuvo hasta que falleció en el año 1988, sus circunstancias tanto familiares como personales contribuyeron a su deceso tan temprano.

Este tipo de decoración mural que nació como un arte alternativo y perseguido por la policía, actualmente se percibe como una forma de revitalización de algunos barrios en distintas ciudades del mundo, donde se organizan visitas guiadas para poder ver el trabajo de algunos artistas. También desde las instituciones se invita a participar en nuevas decoraciones que contribuyan a engrandecer el número de obras con el que cuentan muchos de los muros, garajes o fachadas de los diferentes edificios. Lo que antes era prohibido ahora se asume como algo normal e incluso se anima a los jóvenes a participar. Siempre es mejor ser calificado como artista y reconocido por ello. Los chicos y chicas que están pintando no tendrán tiempo de dedicarse a otras actividades poco recomendables. Si se creen artistas no estarán cometiendo actos vandálicos. En esta última frase apreciamos como la palabra artista, pese a cumplir una importante función, en este caso parece perder parte de su significado al ser pronunciada.

Imaginemos que damos a un demente un bolígrafo y una hoja de papel en blanco. El coge su bolígrafo y agarrándolo de forma fuerte comienza a realizar todo tipo de garabatos moviendo la mano de forma aleatoria de un lado a otro de la hoja. Cuando acaba todo está lleno de diferentes líneas sin ningún sentido ni control. ¿Podríamos considerar esta creación como una obra de arte? Los surrealistas invitaban a algunos de sus artistas a que fuera el inconsciente el que dictara aquello que tenían que realizar sobre el papel o el lienzo, con decisiones inmediatas, donde la mente no dictaba órdenes sino que existía plena libertad para realizar la obra. Estas dos creaciones pueden ser iguales y quizás una no se considera como arte porque ha sido realizada por una persona ingresada en un psiquiátrico y la otra sí, porque ha sido hecha por un artista del grupo surrealista.

¿Dónde estaría la diferencia? A ello alude **Mario Perniola** en su libro y lo transcribimos aquí porque estamos de acuerdo con su razonamiento. Dice el profesor que *"el arte se encuentra guiado por el razonamiento y la teoría. Esta realizado por una persona culta. A ello se suma el reconocimiento de la crítica, instituciones o público, aunque esto último no es un elemento determinante"*.

Jeff Koons es uno de los artistas más cotizados del arte contemporáneo. Puede que sea uno de los extremos del cuadrado del arte actual junto a **Takashi Murakami, Maurizio Cattelan** y **Damien Hirst**. Se trata del artista vivo que ha logrado una mayor cantidad de dinero por una de sus obras en una subasta. En su trabajo el arte pop juega un papel muy importante. Se ha hecho famoso por algunas de sus creaciones hinchables, de tamaño monumental que recrean las formas que algunos payasos o mimos callejeros realizan con globos para los niños. Muchas de sus creaciones recurren a objetos de consumo. Teniendo en cuenta que comenzó a realizar su trabajo en los años 80, la sociedad se encontraba (y se encuentra acrecentado en la actualidad) en un momento en el que se crean muchas necesidades ficticias que satisfacen al comprador y sirven para mover la economía. Vivimos una época en la que se compran todo tipo de objetos, no porque el anterior esté roto sino porque una simple novedad nos anima y crea esa necesidad de tenerlo (cualquiera de los teléfonos móviles que se lanzan cada semana al mercado sirven como ejemplo). Los objetos representados por **Jeff Koons** son cotidianos y carentes por completo de valor. Entre sus obras encontramos juguetes, muñecos, figuras, montañas de plastilina o incluso representaciones del fallecido cantante pop **Michael Jackson**. Lo que parece claro es que su trabajo no deja indiferente al que lo contempla. Algunos reniegan de él y dicen que no se puede calificar como arte, otros en cambio lo aclaman como el máximo exponente de la simplicidad y el neopop.

El propio **Koons** consciente de la provocación dadaísta que tienen la mayoría de sus objetos, que nunca evitan el escándalo, tiene un curioso concepto del arte. El artista observa la sociedad en la que se mueve y muchas de sus obras como hemos dicho representan el consumo cotidiano que se lleva a cabo. Por eso no es de extrañar que para este creador y antiguo bróker de bolsa, el arte no consista en hacer un cuadro sino simplemente en venderlo. De hecho él ni siquiera crea muchas de sus obras ya que en su estudio han llegado a trabajar hasta 140 personas que producen obra siguiendo las instrucciones del maestro.

Algunos artistas que en los años 60 querían apartarse del sistema y criticaban la excesiva mercantilización del arte, han quedado solo como mitos y referencias de una época que parece no poder repetirse de nuevo. **Eugène Atget** fue un fotógrafo francés que antes de dedicarse a esta profesión había pasado por otras con poco éxito. Fue actor, pasó por compañías de teatro que actuaban de pueblo en pueblo. También intentó ser pintor pero no conseguía que sus obras se vendieran. Finalmente decidió montar un estudio de fotografía en París. Allí tomó fotos de la ciudad y de sus gentes, rincones escondidos, artistas callejeros, imágenes de una ciudad que será transformada a principios del siglo XX y que conocemos gracias al trabajo realizado por **Atget** recorriendo las calles y parques día tras día. Se afanaba por vender su trabajo, algunas de las imágenes las colocaba solo por una monedas para poder subsistir. Jamás tuvo éxito durante su vida, aunque en la actualidad sea considerado como uno de los referentes de la fotografía artística durante la transición del siglo XIX al XX. Podríamos decir que **Eugène Atget** pese a tener voluntad artística no consiguió durante su vida este reconocimiento y se movió siempre en un circuito alternativo.

Actualmente habrá gente que trabaje como **Eugène Atget** y que no haya sido reconocida y quizás lo sea en el futuro. Pero hay algo que debemos tener en cuenta que existe en la actualidad y que no existía en Francia a finales del siglo XIX. Se trata de la fuerte presencia en nuestras vidas de la información y los medios de comunicación de masas. Seas el tipo de artista que seas y produzcas el tipo de obra que más te apetezca, la manera que existe de llegar a la sociedad son los medios de comunicación, tanto para el artista que trabaja con una importante galería como para aquel que ha visitado con su dosier una tras otra siendo rechazado en todas ellas. Los medios de comunicación y redes sociales dan a conocer tanto a la persona como a la obra, siendo muy complicado que alguien que este fuera de los medios llegue a ser conocido. La voluntad de ser un outsider queda anulada por la influencia que en nuestras vidas tiene la comunicación y la hiperinformación a la que estamos sometidos.

Al mismo tiempo la capacidad de consumo que tiene la gente hace que la obra del artista que pretende voluntariamente mantenerse fuera del sistema no encuentre acomodo dentro del mismo sistema. Esta frase parece un poco contradictoria y quizás es la voluntad de ese artista no llegar jamás a un circuito artístico. Lo cierto es que adquirimos bienes culturales que se supone nos proporcionan un placer, bien para su contemplación o bien para satisfacer la simple necesidad de posesión, pero debe ser algo tangible, un objeto que podamos enseñar, colgar, trasladar o exponer. El "yo estuve allí" solo sirve para presumir delante de nuestros amigos sobre los viajes realizados.

Me gustaría concluir este apartado con una frase de **Bruce Nauman**, artista multimedia americano, muchas de cuyas obras están ligadas al arte conceptual y también al proceso de creación de la obra. Simplemente por añadir un poco más de confusión a todos los temas a los que nos hemos referido en este ensayo donde hemos tratado de definir aquello que actualmente se puede calificar como arte. **Nauman** hace el siguiente planteamiento: "*si soy un artista y estoy en mi estudio, cualquier cosa que salga de él es arte*". La frase en sí podía dar para un nuevo ensayo donde tratáramos de definir de nuevo lo que es un artista y si cualquier cosa creada, aunque sea solo una idea, puede ser definida como arte.

EPÍLOGO

Realmente espero no haber creado más confusión sobre el tema, pero sí me parecía importante poner sobre la mesa algunas cuestiones relativas a la idea que tenemos sobre una obra de arte en la actualidad. Hemos visto incluso que es posible dar una serie de características que la definan, aunque algunas de ellas sean lo suficientemente dispersas para cuestionarse algunos de los parámetros citados.

Al mismo tiempo hemos hablado de cómo debería ser una obra de arte para cualquier creador que se enfrente a ella. Y por mi parte he tomado partido indicando cuál debería ser, desde mi punto de vista, la orientación que debe tomar el artista a lo largo del proceso creativo. Para acompañar todas estas afirmaciones nos hemos apoyado en diferentes textos y escritos de algunos de los mejores pensadores contemporáneos. No existe duda que no todo el mundo podrá estar de acuerdo, no lo espero. Si pensáis de otra manera os animo a contactar y expresar, de forma argumentada, aquellos aspectos y afirmaciones con las que no coincidís.

He trabajado en este ensayo con gran ilusión. Creo que refleja perfectamente cómo definir el arte y cómo el espectador puede enfrentarse a una obra en cualquier centro de exposición. Al mismo tiempo los temas que se plantean ayudan a la reflexión, uno de los principales argumentos que está presente en muchas de las creaciones actuales. Espero que lo hayáis disfrutado lo mismo que yo escribiéndolo.

Salamanca-Sevilla Junio 2018

Puedes seguirnos a través del blog

http://www.arteparaninnos.blogspot.com

También en nuestro canal de YouTube

http://www.youtube.com/rafaellopezborrego

Si quieres contactar

rafalopezsal@yahoo.es

www.ingramcontent.com/pod-product-compliance
Lightning Source LLC
Chambersburg PA
CBHW031440210526
45464CB00005B/2280